연구보고서 2024-52

사회보장 장기 재정추계 통합모형 구축

이영숙
고숙자·안수인·이승용·유희수·박승준

KOREA INSTITUTE FOR HEALTH AND SOCIAL AFFAIRS

한국보건사회연구원
KOREA INSTITUTE FOR HEALTH AND SOCIAL AFFAIRS

연구진

연구책임자	이영숙	한국보건사회연구원 연구위원
	고숙자	한국보건사회연구원 연구위원
	안수인	한국보건사회연구원 전문연구원
	이승용	남서울대학교 복지경영대학원 교수
	유희수	국회미래연구원 연구위원
	박승준	대구대학교 경제금융학부 교수

연구보고서 2024-52

사회보장 장기 재정추계 통합모형 구축

발 행 일 2024년 12월
발 행 인 강 혜 규
발 행 처 한국보건사회연구원
주   소 [30147]세종특별자치시 시청대로 370
          세종국책연구단지 사회정책동(1~5층)
전   화 대표전화: 044)287-8000
홈페이지 http://www.kihasa.re.kr
등   록 1999년 4월 27일(제2015-000007호)
인 쇄 처 고려씨엔피

11,000원

ⓒ 한국보건사회연구원 2024
ISBN 979-11-7252-069-4 [93510]
https://doi.org/10.23060/kihasa.a.2024.52

발|간|사

한국 사회는 2025년 초고령사회에 진입하며 2040년 후반까지 국제적으로 유례가 없는 빠른 속도의 인구 고령화가 진행될 것으로 예상됩니다. 이러한 상황은 20년 이상 지속되고 있는 저출생 현상의 심화와 맞물리며 국가 재정은 물론이고 사회보장 제도의 지속가능성에 대한 우려를 키우고 있습니다.

향후 인구구조의 급격한 변화에 따라 국가의 재정수입이 재정지출을 감내하지 못하게 되는 경우 우리의 사회적 안전망은 크게 위태로워질 것이고, 이는 국가와 사회의 존립 기반을 훼손하는 커다란 위험이 될 것입니다. 따라서 빠르지는 않지만, 이제라도 늦지 않았다는 자세로 우리 사회가 직면하게 될 중장기 재정 위험을 지속적으로 모니터링하고, 그 결과를 기반으로 정책 대응을 추진해 나가야 할 것입니다.

본 연구는 이러한 목적하에 인구 고령화 시기에 재정 부담을 주도하게 될 사회보장의 주요 분야에서 사회보험과 주요 재정사업을 포괄하여 총체적으로 중장기 재정 위험을 측정할 수 있는 연구 기반을 마련하고자 이루어졌습니다. 모쪼록 본 연구가 향후 사회보장의 지속가능성을 둘러싼 재정 환경의 진단과 정책 수립에 기여하기를 기대하는 바입니다.

2024년 12월
한국보건사회연구원장 직무대리
강 혜 규

목 차

KOREA INSTITUTE FOR HEALTH AND SOCIAL AFFAIRS

요약 ··· 1

제1장 서론 ··· 5
   제1절 연구의 배경 및 목적 ··· 7
   제2절 연구의 내용 및 방법 ··· 11

제2장 사회보장 재정 추이 및 재정추계의 공통 전제 ········ 17
   제1절 사회보장 재정 추이 ··· 19
   제2절 사회보장 재정추계의 공통 전제 ································· 25

제3장 국내외 재정추계 사례 ·· 31
   제1절 해외 재정추계 사례연구 ·· 33
   제2절 국내 재정추계 사례연구 ·· 60

제4장 재정추계 모형: 노후소득보장 ································ 65
   제1절 국민연금 ·· 68
   제2절 기초연금 ·· 99
   제3절 생계급여 ·· 107

제5장 재정추계 모형: 의료·요양 ······································ 125
   제1절 건강보험 ·· 127
   제2절 노인장기요양보험 ·· 146
   제3절 의료급여 등 ··· 161

제4절 시나리오: 요양병원 이용 관련 ··· 172

제6장 종합 및 제언 ·· 191

참고문헌 ·· 199

Abstract ·· 207

표 목차

KOREA INSTITUTE FOR HEALTH AND SOCIAL AFFAIRS

〈표 1-1〉 본 연구의 사회보장 장기 통합재정추계 모형 구축도 ···················· 12
〈표 2-1〉 사회보장 재정 추이: 2010~2024년, 예산 기준, SOCX 기준 ·············· 21
〈표 2-2〉 사회보험 재정 추이: 2015~2024년, 추계 모형 구축 대상 ·················· 22
〈표 2-3〉 일반 재정 사업 재정 추이: 2015~2024년, 추계 모형 구축 대상 ············ 23
〈표 2-4〉 사회보험과 일반 재정 사업 재정 추이: 2015~2024년, 추계 모형 구축 대상 ········· 24
〈표 2-5〉 장래인구추계(통계청, 2021): 중위추계 기준 ······························ 26
〈표 2-6〉 거시경제변수 전망치 ·· 28
〈표 3-1〉 2034년 이후 초과비용 증가율 가정 ··· 37
〈표 3-2〉 보건 전망 시나리오 ·· 48
〈표 3-3〉 장기요양 전망 시나리오 ·· 50
〈표 3-4〉 일본 중장기 재정추계 현황 ··· 56
〈표 3-5〉 국내 사회보장 통합 재정추계 모형 비교 ·· 62
〈표 4-1〉 고령인구에 대한 주요 사회보장제도: 2023년 결산 기준 ····················· 67
〈표 4-2〉 생산가능인구 경제활동참가율 전망치 ··· 71
〈표 4-3〉 국민연금 당연가입률 및 지역가입자 비율 실적과 전망치 ···················· 72
〈표 4-4〉 당연가입자, 사업장가입자, 지역가입자 전망치 ································· 73
〈표 4-5〉 당연적용 제외자, 임의가입자, 임의가입자 비율 실적 및 전망치 ············ 74
〈표 4-6〉 가입 종별 가입자, 대기자의 비율 실적 및 전망치 ······························ 75
〈표 4-7〉 종별 가입자 및 총가입자 전망치 ·· 76
〈표 4-8〉 사업장 보험료 납부 실적 ··· 77
〈표 4-9〉 사업장 보험료 납부 전망 ··· 77
〈표 4-10〉 지역가입자 보험료 납부 실적 ·· 78
〈표 4-11〉 지역가입자 보험료 납부 전망 ·· 79
〈표 4-12〉 임의가입자 보험료 납부 실적 ·· 79
〈표 4-13〉 임의가입자 보험료 납부 전망 ·· 80
〈표 4-14〉 임의계속가입자 보험료 납부 실적 ·· 81
〈표 4-15〉 임의계속가입자 보험료 납부 전망 ·· 81
〈표 4-16〉 총 보험료 수입 추계 ·· 82

〈표 4-17〉 노령연금 수급자 실적 ·· 83
〈표 4-18〉 노령연금 수급자 추계 ·· 85
〈표 4-19〉 노령연금 유형별 수급자 추이 ·· 86
〈표 4-20〉 노령연금 유형별 신규 수급자 추계 ·· 87
〈표 4-21〉 노령연금 유형별 수급자 추계 ·· 88
〈표 4-22〉 장애연금 수급자 실적 ·· 89
〈표 4-23〉 장애연금 수급자 전망 ·· 90
〈표 4-24〉 유족연금 수급자 실적 ·· 90
〈표 4-25〉 유족연금 수급자 전망 ·· 91
〈표 4-26〉 노령연금 유형별 급여액 추이 ·· 92
〈표 4-27〉 노령연금 유형별 1인당 급여액 추계 ·· 94
〈표 4-28〉 노령연금 급여액 추계 ·· 94
〈표 4-29〉 장애연금 급여 지출 실적 ··· 95
〈표 4-30〉 장애연금 급여 지출 전망 ··· 96
〈표 4-31〉 유족연금 급여 지출 실적 ··· 96
〈표 4-32〉 유족연금 급여 지출 전망 ··· 97
〈표 4-33〉 연금 급여 총지출 전망 ··· 98
〈표 4-34〉 국민연금 재정추계 비교: 국민연금공단('2023), 국회예산정책처('2020) ············ 98
〈표 4-35〉 기초연금의 소득인정액 산정 기준: 2024년 기준 ···································· 99
〈표 4-36〉 기초연금의 기준연금액: 2014년 7월~2024년 ······································ 100
〈표 4-37〉 기초연금 수급자 수 현황: 2018~2023년 ·· 101
〈표 4-38〉 기초연금 평균 연금액 현황: 2018~2023년 ·· 101
〈표 4-39〉 기초연금 급여 지출 예산 추이: 2020~2024년 ···································· 101
〈표 4-40〉 기초연금 재정추계 기초 변수 ··· 102
〈표 4-41〉 65세 이상 고령인구 비교: 2019~2023년 ··· 103
〈표 4-42〉 기초연금 평균 연금액 현황: 2018~2023년 ·· 103
〈표 4-43〉 동시 수급자 및 비율 추계: 2030~2050년 ·· 104

〈표 4-44〉 장래인구추계: 2025~2050년 ··· 104
〈표 4-45〉 기초연금 수급자 수: 2025~2050년 ······································ 105
〈표 4-46〉 기준연금액: 2025~2050년 ·· 106
〈표 4-47〉 현행 기준 유지 시 기초연금 재정 소요: 2025~2050년 ········ 106
〈표 4-48〉 생계급여의 소득인정액 산정 기준: 2024년 기준 ················· 110
〈표 4-49〉 가구원 수별 생계급여 수급자 선정 기준: 2024년, 32% 기준 ···· 110
〈표 4-50〉 기준 중위소득: 2021~2025년 ··· 111
〈표 4-51〉 생계급여 수급자 중 기초연금 수급으로 인한 감액 현황: '2021~'2024.7. ········ 113
〈표 4-52〉 생계급여 수급자 및 수급 가구 수 현황: 2019~2023년 ······· 114
〈표 4-53〉 가구원 수별 수급 가구 수 비중: 2021~2023년 ··················· 115
〈표 4-54〉 생계급여 지출예산 현황: 2019~2024년 ······························ 116
〈표 4-55〉 전체 가구 수 대비 생계급여 수급 가구 수 비율: 2024년 예산 기준 ········ 118
〈표 4-56〉 기준 중위소득 추계: 2025~2050년 ···································· 120
〈표 4-57〉 가구원 수별 최저보장수준 추계: 2025~2050년 ·················· 120
〈표 4-58〉 가구원 수별 월평균 급여액 추계: 2025~2050년 ················· 121
〈표 4-59〉 일반수급 재정추계: 가구원 수별, 2025~2050년 ················· 122
〈표 4-60〉 시설수급 재정추계: 2025~2050년 ······································ 122
〈표 4-61〉 생계급여 재정추계: 2025~2050년 ······································ 123
〈표 5-1〉 의료보장(의료급여+건강보험) 적용 인구 현황 ······················· 132
〈표 5-2〉 연도별 건강보험료 부과 현황 ··· 133
〈표 5-3〉 연도별 건강보험 수입 및 누적 법정준비금 현황 ··················· 134
〈표 5-4〉 1인당 연간 보험료 및 급여비 ·· 135
〈표 5-5〉 1인당 연간 보험료 및 급여비 ·· 136
〈표 5-6〉 연도별 진료비 및 급여비 증가율 ··· 137
〈표 5-7〉 연도별 진료비 및 급여비 증가율 ··· 137
〈표 5-8〉 연도별 건강보험 지출 현황 ·· 138
〈표 5-9〉 직장가입자 건강보험료율 및 지역가입자의 부과 점수 추이 ········ 140
〈표 5-10〉 건강보험 수입 추계: 2025~2050년 ····································· 143

〈표 5-11〉 건강보험 지출 추계: 2025~2050년 ·· 144
〈표 5-12〉 건강보험 재정추계 비교: 국회예산정책처(2023) ······························ 145
〈표 5-13〉 노인장기요양보험 인정 현황 ··· 150
〈표 5-14〉 노인장기요양보험 인정 현황 ··· 151
〈표 5-15〉 연도별 노인장기요양보험 수입 및 비중: 2017~2023년 ···················· 152
〈표 5-16〉 건강보험 및 노인장기요양보험 보험료율 추이: 2017~2024년 ············ 153
〈표 5-17〉 장기요양보험료율 추이: 2023~2050년 ·· 156
〈표 5-18〉 노인장기요양보험 수입 추계: 2025~2050년 ···································· 158
〈표 5-19〉 노인장기요양보험 지출 추계: 2025~2050년 ···································· 159
〈표 5-20〉 노인장기요양보험 재정추계 비교: 국회예산정책처(2023) ·················· 160
〈표 5-21〉 의료급여와 건강보험의 주요 통계 비교: 2023년 실적 기준 ··············· 162
〈표 5-22〉 의료급여 지출 추계: 2025~2050년 ·· 168
〈표 5-23〉 장기요양 부담금 중 의료급여 수급자분 추계: 2025~2050년 ············ 171
〈표 5-24〉 진료 형태별 진료 현황 분석: 의료기관 유형별, 2022년 기준 ············ 175
〈표 5-25〉 요양기관 종별 진료 현황: 연령대별, 2022년 기준 ··························· 176
〈표 5-26〉 요양병원과 장기요양기관 실적 비교, 2022년 기준 ··························· 178
〈표 5-27〉 장기요양 인정자의 요양병원 이용 현황: 등급별·자격별, 2023년 기준 ········· 179
〈표 5-28〉 맞춤형 데이터와 장기요양보험 통계연보 비교: 2023년 기준 ············· 182
〈표 5-29〉 맞춤형 데이터와 장기요양보험 통계연보 비교: 2023년 기준 ············· 182
〈표 5-30〉 맞춤형 데이터의 장기요양 인정자의 시설 및 요양병원 이용 현황 :
　　　　　성별·연령대별, 2023년 기준 ··· 183
〈표 5-31〉 맞춤형 데이터를 이용한 장기요양 인정자의 '공단부담금 비' 비교 :
　　　　　요양병원 이용 유무, 성별·연령대별, 2023년 기준 ······························ 185
〈표 5-32〉 맞춤형 데이터의 요양병원 이용 현황: 장기요양 등급별, 2023년 기준 ········· 187
〈표 5-33〉 맞춤형 데이터의 요양병원 이용과 장기요양보험 이용 비교 : 장기요양 서비스
　　　　　유형별, 1인당 평균 공단부담금 기준 ·· 189
〈표 5-34〉 요양병원 이용에 따른 추가 재정 소요분 추산: 2023년 기준 ············ 190

그림 목차

[그림 2-1] 사회보장 재정 추이: 명목GDP 대비, 예산 기준, SOCX 기준 ·················· 21
[그림 2-2] 생산가능인구와 고령인구의 전년 대비 증감 추이: 중위추계 기준 ·········· 27
[그림 2-3] 거시경제변수 전망 추이 ·· 29
[그림 3-1] 보건의료 지출 예측 방법론의 개요 ······································ 52
[그림 3-2] 장기요양 지출 예측 방법론의 개요 ······································ 54
[그림 3-3] 2040년도 의료·요양 추계 ··· 59
[그림 4-1] 가입자 추계 흐름 ·· 69
[그림 4-2] 2000~2023년 경제활동참가율 ··· 71
[그림 4-3] 2000~2023년 가입자 대비 장애연금 수급자 비율 추이 ············ 89
[그림 4-4] 기초연금 재정추계: 2024~2050년 ···································· 106
[그림 4-5] 국민기초생활제도의 맞춤형 급여 도입 ································ 108
[그림 4-6] 생계급여 수급자 및 수급 가구 수 추이: 2019~2023년 ·········· 115
[그림 4-7] 가구원 수별 수급 가구 수 비중: 2023년 기준 ······················ 116
[그림 5-1] NABO(2023) 건강보험 재정전망 모형 개요 ························· 129
[그림 5-2] 건강보험 진료비 추계 미시 모의실험 모형 ·························· 131
[그림 5-3] 연도별 의료보장 적용 인구 현황 ······································ 133
[그림 5-4] 연도별 보험료 현황 ··· 134
[그림 5-5] 연도별 1인당 월평균 진료비 및 급여비 추이 ······················ 136
[그림 5-6] 연도별 노인(65세 이상) 진료비 현황 ································· 138
[그림 5-7] 요양급여비 지출 증가 요인 ··· 141
[그림 5-8] 의료보장인구 대비 건강보험 및 의료급여 수급자 비율: 2023년, 연령대별 ········ 163
[그림 5-9] 의료보장인구 대비 건강보험 및 의료급여 수급자 비율: 2023년, 연령대별 ······ 164
[그림 5-10] 건강보험 대비 의료급여 수급 현황 비교: 2023년, 연령대별 ············· 164
[그림 5-11] 건강보험 1인당 평균 급여비의 연령대별 상대 비: 2023년 기준,
전체 평균 대비 ··· 165
[그림 5-12] 건강보험 급여비 및 의료급여 부담금의 연령대별 상대 비 :
2023년 의료보장인구 1인당 평균 기준, 전체 평균 대비 ················ 166

[그림 5-13] 의료보장인구 기준 건강보험 대비 의료급여 부담금 비: 2023년, 연령대별 ······ 167
[그림 5-14] 장기요양보험 지출의 의료급여 수급자 비율 추이: 2015~2023년 ················ 170
[그림 5-15] 장기요양 의료급여 수급자 분 중 지자체 부담 비율 추이: 2015~2023년 ······ 170
[그림 5-16] 기대수명 추이: 한국 vs. OECD 평균: 2011~2021년 ································ 173
[그림 5-17] 노인 연령대별 질환 및 장애 추이 ·· 173
[그림 5-18] 장기요양 인정자의 주거상태별 요양병원 이용 현황: 2023년 기준 ················ 179
[그림 5-19] 장기요양 인정자의 요양병원 이용 추이: 2011~2023년 ······························ 180
[그림 5-20] 맞춤형 데이터를 이용한 장기요양 인정자의 '공단부담금 비' 비교 :
요양병원 이용 유무, 성별·연령대별, 2023년 기준 ·································· 184
[그림 5-21] 맞춤형 데이터를 이용한 장기요양 인정자의 요양병원 미이용자 대비 이용자의
건강보험 공단부담금 비: 성별·연령대별, 2023년 기준 ································ 185

요약

1. 연구의 배경 및 목적

2025년에 초고령사회에 진입하며 한국 사회는 본격적인 고령화 진행에 직면해 있다. 2020년에 시작된 베이비부머 세대의 고령인구 진입이 가속화되는 가운데, 지금부터 5년 후인 2030년부터는 이들 세대의 후기 고령화가 시작된다. 이는 막대한 규모의 베이비부머 세대가 경제활동의 주축에서 사회적 지원과 돌봄의 대상으로 바뀌는 것을 의미한다.

본 연구에서는 이러한 인구 고령화가 향후 한국 사회의 사회안전망 유지에 커다란 구조적 위험 요인이 되고 있음에 착목하여, 사회보장 재정에서 영향이 큰 노후소득보장 부문과 의료·요양 부문을 구분하고, 각각의 부문에서 인구 고령화로 인한 재정 영향을 가늠해 볼 수 있는 재정추계 모형을 구축하고자 한다.

2. 주요 연구 결과

본 연구는 이영숙 외(2024)의 성과를 기반으로 하여 진행된 것으로, 다음과 같은 몇 가지 점에서 기존 연구를 발전시켰다. 우선, 기존 연구에서는 모형 구축의 대상을 국민연금, 건강보험, 노인장기요양보험(이하 '장기요양보험')의 3개 사회보험에 한정하였으나, 본 연구에서는 각 사회보험에 연계될 수 있는 일반재정 사업을 포함하여 추계모형 구축의 대상 범위를 확장하였다. 이러한 접근은 사회보장 재정에서 사회보험이 차지하는 부분이 크기는 하나, 사각지대 해소와 보충적 기능 측면에서 사회보험에 대응하는 일반재정 사업의 중요성이 커지고 있고 재정 비중도 상당하기 때문이다. 따라서 향후 인구 고령화에 따라 노후소득보장 부문과 의료·요양 부문에서 발생하게 되는 재정 소요는 해당하는 사회보험뿐만 아니라 일반재정 사업을 포함하여 총체적으로 파악하여야 한다. 이를 위해 본 연구에서는 노후소득보장 부문으로 사회보험인 국민연금을, 일반재정 사업인 기초연금과 생계급여를 포함한다. 의료·요양 부문에는 사회보험인 건강보험과 장기요양보험을, 일반재정 사업인 의료급여와 장기요양보험의 의료급여분을 포함한다.

다음으로 각 사회보장 부문별로 일반재정 사업의 재정추계 모형은 사회보험 재정추계 모형에 연계되는 구조가 되도록 하였다. 이는 현실의 제도 내용을 반영한 것이기도 하고, 사회보장 기능의 동질성을 반영한 것이기도 하다. 노후소득보장 부문의 경우 국민연금과 기초연금, 생계급여는 제도상 연계 감액이 적용되는 구조로 되어 있다. 따라서 기초연금의 재정은 국민연금의 영향을 받고, 생계급여의 재정은 기초연금의 영향을 받게 된다. 본 연구의 장기 재정추계 모형에서는 이러한 제도적 연계를 수급자 수와 급여액 측면에서 반영하고자 하였다. 의료·요양 부문의 경우 건강보험과 의료급여는 자격이 다를 뿐 의료 관련 서비스가 동일하고, 장기요양보험 역시 건강보험과 의료급여 이용에 대한 자격이 다를 뿐 장기요양 관련 서비스는 동일하다. 다만, 건강보험과 의료급여의 자격 기준에 따라 의료 서비스의 이용 행태나 장기요양 서비스의 이용 행태가 다를 수 있는데, 본 연구에서는 이러한 차이를 반영하여 건강보험과 장기요양보험의 재정추계 결과를 기반으로 의료급여와 장기요양 의료급여 수급자분 재정을 추계하는 방식으로 장기 재정추계 모형을 구축하였다.

이외에 본 연구에서는 사회적 입원에 따른 의료·요양 부문의 재정 비효율성 문제와 관련하여 이에 따른 추가적인 재정 소요를 측정해 보고자 하였다. 이러한 문제는 베이비부머 세대가 후기 고령인구에 진입하게 되는 2030년 이후 더욱 심각해질 것으로 예상되는바, 현재 시점에서 이에 대해 구체적으로 파악할 필요가 있다. 다만, 본 연구에서는 단년도의 짧은 연구 기간의 제약에 따라 건강보험공단(2024)의 맞춤형 데이터를 이용하여 65세 이상 고령인구 중 장기요양 인정자에 한정하여 의료 및 요양 서비스 이용 현황을 분석하였고, 사회적 입원을 만성질환 정도를 반영하는 CCI 점수를 기준으로 하여 재정 소요를 측정한 한계가 있다.

3. 결론 및 시사점

본 연구의 장기 재정추계 모형은 인구 및 거시경제 변수의 공통 전제나 사회보험과 일반재정 추계 모형에 필수 입력 자료인 여러 기초율에 대해 여러 외부 기관의 연구 자료에서 공개된 결과를 활용하는 방식으로 구축하였다. 특히, 재정추계에서 중요한 기초율 변수의 경우 관련 자료 이용의 어려움으로 인해 미시적으로 보다 정밀한 자체 분석에 기반하지 못한 한계가 있다. 이러한 점은 향후 본 연구의 장기 재정추계 모형의 확장이나 활용에 제약이 되는 부분으로, 해당 기관의 보고서나 연구 자료에서 공개되는 자료를 활용하여 지속적인 업데이트 및 검증이 필요한 부분이다.

또한 동 보고서에서는 현재의 제도가 유지된다는 전제하에 기준선(base-line) 추계를 하고 있어, 모형에 투입되는 기초율 변수의 경우 향후 변화하는 사회경제적 환경 여건을 감안하여 다양한 민감도 분석이 이루어져야 할 필요가 있다. 이와 함께 요양병원을 중심으로 의료와 요양의 연계점을 반영하는 재정추계 모형을 구축할 필요가 있다. 향후 의료·요양 부문이 일상적인 돌봄을 포함하여 보다 통합된 제도로 재편된다면, 현재 분절적으로 운영되고 있는 의료·요양 서비스는 보다 연계된 구조가 될 것이고, 재정추계 모형에서는 이러한 부분이 반영되어야 할 것이다.

마지막으로 본 연구는 현재 한국 사회가 직면하고 있는 저출산·고령화라는 커다란 두 가지 사회적 위험 중 고령화에 한정하여 재정추계 모형을 구축한 한계가 있다. 향후 무상보육과 유보통합, 일·가정 양립을 위한 출산 및 육아 휴가·급여 등 모성보호사업 확대, 아동수당이나 부모급여를 포함한 현금급여 등 저출산 정책에 따르는 재정 소요를 파악할 수 있는 재정추계 모형을 구축하는 연구가 후속 과제로 진행되어 인구구조 변화에 대응하는 보다 종합적인 재정 모니터링이 이루어질 수 있도록 해야 할 것이다.

주요 용어 사회보장, 장기 재정추계 모형, 노후소득보장, 의료·요양, 사회적 입원

제1장

서론

제1절 연구의 배경 및 목적
제2절 연구의 내용 및 방법

제1장 서론

제1절 연구의 배경 및 목적

한국 사회는 저출생 심화와 베이비부머 세대의 고령인구 진입, 기대수명 연장 등으로 인구 고령화 진행이 가속되는 상태에 있다. 합계출산율은 2018년에 1.0명 아래로 낮아진 이후 하락세를 지속해 최근 0.7명 대에 있다. 장래인구추계(통계청, 2023)에 따르면, 합계출산율은 중위추계 기준 최고 1.08명으로, 장기적으로 한국 사회는 초저출산 상태를 벗어나기 어려울 것으로 예상된다. 이에 반해 현재 고령인구에 편입되지 않은 총 1,293만 명(2024년 9월 주민등록인구 기준 전체 인구의 25.2%)의 베이비부머 세대의 고령화가 2030년대 말까지 진행된다. 여기에 기대수명은 2024년 84.3세에서 2040년 87.2세 등으로 높아져 고령인구 증가세가 2050년까지 지속될 것으로 예상된다.

저출생의 심화는 미래 생산가능인구의 가파른 감소를 의미하며 경제의 성장세 저하를 통해 국가의 재정수입 기반을 약화시키는 요인이 된다. 장래인구추계(통계청, 2023)에 따르면, 향후 생산가능인구는 매년 30~60만 명대가 감소할 예정이다. 2000년대 초반에 출생아 수가 이전 시기의 연간 60~70만 명대에서 40만 명대로 작아지며 실질경제성장률은 5%대에서 2020년 이후 2%대로 낮아졌다. 저출생의 장기간 누적 효과로 최근 출생아 수는 연간 20만 명대로 더욱 작아졌는데, 이는 향후 20~30년 동안 경제의 성장세를 낮추며 재정수입 기반에 부정적인 영향을 주게 될 것이다.

베이비부머 세대의 고령화는 사회적 지원과 돌봄이 요구되는 고령인구가 압도적 규모로 증가하게 됨을 의미한다. 장래인구추계(통계청, 2023)에 따르면, 2030년대 말까지 향후 20여 년 동안 매년 40만 명대의 고령인구가 추가되고, 후기 고령인구는 2040년대 말까지 매년 30~40만 명이 추가될 예정이다.

이러한 인구 고령화의 진행에 따라 공적연금은 적립 방식의 기금이 운영되고 있음에도 연금 지급이 어려워지는 상태에 직면하게 되고, 의료 및 돌봄 수요가 급증하여 건강보험 및 노인장기요양보험(이하 '장기요양보험') 재정도 심각하게 악화될 것으로 예상된다. 국민연금의 제5차 재정계산(국민연금재정추계전문위원회, 2023) 결과, 기금 소진 시점은 2055년으로 4차 계산과 비교하여 1년 앞당겨졌고, 국회예산정책처의 전망(2023a, 2023b)에 따르면, 건강보험과 장기요양보험은 각각 2024년과 2028년에 재정수지 적자로 전환된 후 적자 규모가 빠르게 증가하며, 각각 2028년과 2031년부터 누적 준비금이 소진된다.

특히, 한국의 고령인구는 2020년 기준 노인빈곤율이 40.4%로 OECD 38개 회원국 중 가장 가난한 상태인데, 베이비부머 세대가 이전 세대에 비해 소득 수준이나 연금 수급률이 높아지기는 하겠으나 낮은 보험료율과 가입 기간 부족 등으로 연금을 통해 노후 필요소득을 충당하기 어렵고, 높은 자영업자 비중에 따른 넓은 연금 사각지대, 자녀 교육열에 밀린 노후 준비 부족 등으로 노후 소득 여력이 크지 않다. 여기에 기대수명이 증가하며 노후 의료와 일상생활의 돌봄이 필요한 기간이 장기화되고 있다.

이러한 제반의 여건은 경제활동인구 급감과 고령인구 급증이 맞물리며 가까운 미래 한국 사회가 총체적으로 심각한 재정 불균형 상태에 놓이게 됨을 시사한다. 우선, 일차적인 사회안전망 기능에서 중요한 사회보험의 재정 문제가 있다. 사회보험은 고령, 실직, 질병, 사망 등 사회적 위험 발생 시 소득 및 비용지불을 보장하는 제도로, 전 국민을 대상으로 한다는 점에서 기능 상실이나 약화 시 사회경제적 파급효과가 크다. 사회보험은 자체 보험료(social contribution)에 기반하여 조성되는 기금으로 운용되는데, 급격한 인구 고령화가 진행됨에 따라 지출(급여)이 수입(기여)을 큰 폭으로 상회하면 재정 문제가 발생하게 되고, 이는 지급 불능 및 기능 상실로 이어질 수 있다. 부과 방식으로 운영되는 단기보험인 건강보험과 장기요양보험도 원리적으로는 지출 소요에 맞추어 보험료가 정해지므로 재정 균형이 가능할 수 있으나, 심각한 인구 고령화 구조에서 요구되는 보험료 수준은 가계와 기업 등 경제활동에 큰 부담이 되며, 국민이 수용하는 현실적 수준이 되기 어려운 문제가 있다.

다음으로, 사회보험과 달리 조세(tax)에 기반하여 운영되는 일반재정사업으로, 주로 사회보험 사각지대 해결을 위한 저소득층 대상 기초연금, 국민기초생활보장, 장애인연금 및 수당, 보훈 등 공공부조 사업이 해당된다. 2015~2024년 중앙정부의 본예산은 연평균 6.1% 증가하였는데, 기초연금과 생계급여는 각각 11.5%, 12.1%의 높은 증가율로 확대되었다. 경제의 성장세가 저하되는 가운데 소득 및 자산의 양극화가 심화되고 있어 향후에도 공공부조 중심의 국가 재정 증가세는 지속될 것으로 예상된다. 이 외에도 저출산 대응과 신종 감염 위기, 노인질환 대응을 위한 필수 의료 및 돌봄 체계 확충, 기후위기 및 재난 대응 등도 재정 소요의 주요한 증가 요인이 되고 있다. 이에 반해 경제활동인구 감소와 경제의 성장세 저하에 따라 조세 수입의 증가세는 약화되는 방향에 있다. 국회예산정책처(2022)의 장기 재정전망에 따르면, GDP 대비 국세 수입 비율은 2022년 18.0%에서 2040년 16.3%, 2060년 15.9% 등으로 낮아진다.

이렇듯 사회보장 분야를 구성하는 사회보험과 일반재정 모두에서 미래 재정 여건이 심각하게 나빠질 수 있는 상황에 처해 있다. 그러므로, 베이비부머 세대의 고령인구 및 후기 고령인구로 편입이 진행되는 2040년대 말까지 고령화의 재정 영향 등 사회보장 재정 여건에 대한 면밀한 모니터링이 이루어질 필요가 있다. 현재 한국 사회가 직면하고 있는 재정 위험은 장기적으로 지속되는 인구구조 변화에서 촉발되고 있기 때문에 이에 따른 재정 위험은 주기적으로 점검되고 관리되어야 한다.

이러한 문제의식하에 본 연구에서는 인구 고령화에 수반되는 재정 소요를 산출하는 재정추계 모형을 구축하였다. 이는 2025년에 초고령사회에 진입한 이후 급격하게 증가하는 사회보장 분야의 재정 여건을 점검할 수 있는 연구 기반을 마련하기 위한 것이다. 재정추계 모형의 주요 대상은 노후 소득보장과 의료·요양 부문으로 하였다. 현재 한국 사회가 인구구조적 측면에서 직면하고 있는 양대 사회적 위험은 저출산과 고령화인데, 본 연구는 고령화에 초점을 두었다. 이는 저출산에 대응하는 방안은 주로 경제활동인구를 대상으로 하여 경제적 여건이나 고용관계, 노동시장 환경 등 고려해야 하는 변수가 고령화와 다른 측면이 있고, 그 자체로 커다란 연구 주제이므로, 단년도 연구에서 저출산 관련 부문을 포괄하기에는 무리가 있을 것으로 판단하였기 때문이다.

본 연구에서 노후 소득보장은 공적연금을 중심으로 현금이 지급되는 공공지출 분야로 하였고, 의료·요양은 고령인구의 지출 비중이 높은 요양서비스 사업으로 하였다. 단, 각 부문에 해당되는 제도 간의 보다 통합적 관점에서 부문별 대표적인 사회보험과 일반재정 사업을 선정하고, 각각의 재정이 상호 연계되는 방식으로 재정추계 모형을 구축하였다.

제2절 연구의 내용 및 방법

　본 보고서는 "사회보장 재정 장기추계 모형 연구: 사회보험 분야를 중심으로"(이영숙 외, 2024)의 후속 연구이다. 이영숙 외(2024)에서는 사회보험 중 국민연금, 건강보험, 장기요양보험의 3개 사회보험에 한정하여 공개된 통계나 관련 보고서 내용에 기반하여 각각의 재정추계 모형을 구축한 바 있다. 이영숙 외(2024)에서는 3개 사회보험에 국한하여 각각의 재정추계 모형을 독립적으로 구축하였으나 이번 연구에서는 인구 고령화 관련하여 재정 소요가 큰 2가지 사회보장 부문을 선정하고, 각각에 사회보험과 주요한 일반재정 사업을 포함하여 이들이 각각의 부문 내에서 재정이 연계되는 방식으로 하여 보다 통합적인 구조로 재정추계 모형을 구축하고자 하였다. 이는 이영숙 외(2024)의 연구를 인구 고령화 관점에서 2개 사회보장 부문으로 확장한 것이고, 각 사회보장 부문에서 사회보험 외에 연계되는 일반재정 사업을 포함함으로써 추계의 방식을 보다 통합적인 관점에서 확장시켰다는 점에서 의의가 있다.

　사회보험과 일반재정 사업을 연계하는 이유는 각각의 정책 부문별로 현행 사회보장 제도가 사회보험과 공공부조로 다층화되어 있고, 각각의 재정 상태는 동일한 혹은 유사한 정책 목적하에서 일정하게 관련성을 갖기 때문이다. 예를 들어, 사회보험의 기능이 약해 사각지대가 확대된다면 관련되는 공공부조 지원 대상이 넓어져 이에 따른 국가 재정 투입이 증가하게 될 것이다. 반대로 사회보험 기능이 강화된다면 관련 공공부조 재정은 감소하게 될 것이다. 공공부조는 사회보험에 비해 재정 규모가 크지 않지만, 사회보장의 사각지대 해소 및 저소득층 지원 정책의 필요성에 따라 국가 재정에서 차지하는 비중뿐만 아니라 재정 증가세가 크다. 또한, 해당 분야에서 전체적인 정책 목적의 달성 측면에서 볼 때 사회보험과 공공부조의 통합적 재정 파악이 이루어질 필요가 있다.

상술한 바와 같이 이번 연구는 노후 소득보장과 의료·요양의 2개 부문을 모형 구축 대상으로 하는데, 관련하여 총 3개의 사회보험과 4개의 일반재정 사업을 포함한다. 이 중에서 노후 소득보장 부문은 사회보험인 국민연금에 일반재정 사업인 기초연금과 생계급여를 포함한다. 의료·요양 부문은 사회보험인 건강보험 및 장기요양보험에 일반재정 사업인 의료급여와 장기요양보험 의료급여 수급자분을 포함한다.

〈표 1-1〉 본 연구의 사회보장 장기 통합재정추계 모형 구축도

	사회보험	일반재정 사업
노후 소득보장	국민연금	기초연금, 생계급여
의료·요양	건강보험 노인장기요양보험	의료급여 노인장기요양보험의 의료급여 수급자분

출처: 저자 작성.

본 연구에서 모형 구축 대상이 되는 3개 사회보험은 이영숙 외(2024)의 대상과 동일하다. 단, 이번 연구에서 국민연금 재정추계 모형은 기존의 경제활동인구 기반에서 국민연금연구원(2022)의 가입자와 수급자 기반으로 바꾸고, 건강보험 및 장기요양보험 재정추계 모형은 최근 2023년 실적을 기준으로 업데이트하였다. 국민연금 재정추계는 경제활동인구 보다는 가입률, 수급률 등 국민연금 가입자와 수급자 정보가 보다 직접적인 정보를 주기 때문이다. 또한 이영숙 외(2024)에서 건강보험 및 장기요양보험의 추계 모형은 2022년 실적 자료에 기반해 있는데, 동 시기는 코로나 감염 위기의 영향이 잔존하는 한계가 있다. 본 연구에서는 코로나 감염 위기의 직접적인 영향에서 벗어나 비교적 정상화된 시기로 볼 수 있는 2023년 실적 자료에 근거하여 재정추계 모형을 업데이트하였다.

그리고 본 연구에서는 이러한 사회보험을 2개의 정책 부문으로 구분하고, 각 부문에서 사회보험에 대응하는 일반재정 사업을 연계함으로써 정책 목적의 관점에서 보다 통합적인 재정추계가 이루어질 수 있도록 하였다. 우선, 노후 소득보장 부문에서는 고령인구에 대한 공적연금에 해당하는 국민연금, 공공부조형 보충연금인 기초연금, 기초생활보장제도에 포함되는 생계급여를 포함하였다. 기초연금은 조세를 기반으로 하는 공공부조형 연금으로, 사회보험인 국민연금 급여와 연계 감액되는 구조이다. 생계급여는 저소득층의 생활 안정을 위한 소득 지원 목적의 공공부조로, 엄밀하게 볼 때 제도 본연의 취지가 노후 소득보장에 있지는 않으나, 생계급여 수급자 중 고령인구 비중이 57%에 달하고 있고,[1] 고령인구의 경우 기초연금 수령 시 해당 금액만큼 생계급여에서 연계 감액되는 구조로 되어 있어 노후 소득보장 체계와 연관성이 높다.

다음으로, 의료·요양 부문은 사회보험인 건강보험과 장기요양보험을 중심으로 하여, 기초생활보장제도인 의료급여와 의료급여 수급권자의 장기요양보험 이용을 포함하였다. 전 국민 기반 건강보험과 장기요양보험은 건강보험 가입자를 대상으로 하는데, 기준 중위소득 40% 이하 가구 등 저소득층의 의료서비스는 사회보험료를 납부하는 건강보험 대신 국가재정으로 지원되는 의료급여를 통해 보장된다. 장기요양보험의 경우에도 사회보험료를 내기 어려운 취약계층인 의료급여 수급권자는 해당 비용을 국가나 지자체에서 부담한다. 2023년 기준 의료급여의 공단부담금은 건강보험 급여비의 13.1% 규모이고, 장기요양의 공단부담금 중 의료급여 수급자 비중은 20.2%를 차지한다.[2] 이렇듯 의료·요양 부문의 경우 사회보험[3]뿐만 아니라 의료급여와 의료급여 수급자의 장기요양 이용에 투입

---

[1] 세계일보(2024.10.2.)의 보도 내용을 이용해 산출
[2] 본 연구 제5장의 제3절 "의료급여(분) 추계"에서 인용(p.179, p.186)
[3] 건강보험과 장기요양보험에 지원되는 국비 지원금을 포함한 개념으로 한다.

되는 재정 규모도 상당해, 이에 대한 재정추계의 정책적 중요도가 크다.

마지막으로, 의료·요양 부문에서는 의료와 요양의 기능이 중첩되는 요양병원을 대상으로 하여, 장기요양 등급자를 기준으로 '사회적 입원'을 정의하고, 이의 재정 현황과 사회보험 재정에 미치는 영향을 살펴보았다. 요양병원은 의료서비스와 장기 입원을 통한 요양 서비스 제공이 모두 가능한 의료기관으로, 인구 고령화에 따라 장기요양보험이 대응하지 못하는 의료·요양의 사각지대가 확대될 수 있어 건강보험 재정에 미치는 영향이 커질 수 있는 부분이다. 요양병원 현황에 대한 분석은 향후 건강보험과 장기요양보험의 통합적 재정추계 모형 구축을 위한 기초연구의 성격을 갖는다.

본 연구의 재정추계 모형 구축 및 분석은 공개된 통계 자료를 기반으로 하였다. 통계청 및 국민연금연구원의 연금통계, 건강보험공단의 건강보험 통계연보와 장기요양보험 통계연보, 국민연금의 연금 가입률, 지역가입자 비율 등 기초율 변수에 대한 자료를 활용하고, 거시경제변수 전망치를 얻기 위해 제5차 재정계산 보고서(국민연금재정추계전문위원회, 2023)와 신승희 외(2023) 등의 연구보고서를 활용하였다. 또한 요양병원을 대상으로 한 사회적 입원의 재정 분석에는 건강보험 및 장기요양보험의 통계연보와 함께 국민건강보험공단의 맞춤형 DB를 이용하였다. 일반재정 사업의 재정추계 모형 구축에는 보건복지부의 기초연금 수급자 통계와 국민기초생활보장 수급자 현황, 건강보험공단의 의료급여 통계 등 공개 자료를 이용하였다.

본 보고서의 제2장은 추계 모형 구축 대상을 중심으로 본 사회보장 재정 현황과 재정추계의 공통 전제인 인구와 거시경제변수 전망치에 관한 내용이다. 사회보장 재정 현황은 사회보험과 일반재정으로 구분하여 2010년부터 5년 단위의 시계열 추이를 살펴보고, 국가 재정 추이와 비교한다. 장래인구추계는 중위추계를 기준으로 2021년 추계치와 2023년 추계치를 비교하여 최근 인구 진행 방향의 특징을 살펴본다. 거시경제변수 전망치는 재정추계에 중요한 명목GDP 규모와 성장률, 물가상승률과 임금 상승률 등을 살펴보고, 국민연금 제4차 추계 대비 변화된 양상을 살펴본다.

제3장은 국내외 재정추계 동향과 모형 등 추계 방법에 대한 선행연구를 조사한 내용이다. 해외 주요국과 국제기관에서는 주기적으로 각국의 재정 위험을 진단하고 재정 건전성을 제고하기 위한 정책 개선을 도모하고 있다. 국내에서도 2012년 국회예산정책처의 장기 재정전망과 2015년 정부의 장기 재정전망 시행 이후 주기적으로 재정전망이 시행되어 왔다. 이외에 사회보험이나 일반재정 사업의 실적 통계가 상세하게 제공되고 있지 못해 재정추계 모형 구축에 한계가 있기는 하나, 주요 정책 기관과 연구자들을 중심으로 진행되어 온 재정추계 연구를 조사하였다.

제4장과 제5장은 재정추계 모형 구축의 내용으로, 4장 노후소득보장 부문은 국민연금, 기초연금, 생계급여를 대상으로 하고, 5장 의료·요양 부문은 건강보험, 장기요양보험, 의료급여, 의료급여 수급권자의 장기요양보험분을 대상으로 하였다. 5장에서는 요양병원을 중심으로 한 사회적 입원의 재정 현황 분석을 추가하였다.

추계기간은 모든 모형에서 인구 고령화가 집중되는 2024~2050년으로 동일하게 한다. 재정추계의 방법은 이용 가능한 통계 자료의 제약을 감안하여 급여별 총량 추계를 하거나 연령대별 평균 지출 행태 분석을 기반으로 하였다. 각 제도의 추계 대상은 목적 재원을 갖는 사회보험은 지출 추계와 함께 보험료율을 전제로 하여 수입 추계를 하고, 일반 재원인 조세를 수입 기반으로 하는 일반재정 사업은 지출 추계에 한정하였다. 그리고 대상 부문별로 포함된 제도 내용에 근거하여 사회보험과 일반재정 사업의 재정을 연계함으로써 보다 통합적 관점의 추계 모형이 되도록 하였다.

제2장

사회보장 재정 추이 및 재정추계의 공통 전제

제1절 사회보장 재정 추이
제2절 사회보장 재정추계의 공통 전제

제2장 사회보장 재정 추이 및 재정추계의 공통 전제

제1절 사회보장 재정 추이

사회보장 재정은 중앙정부 예산 기준(이하 '예산 기준')[4])과 OECD 사회복지지출 기준(social expenditures, 이하 'SOCX 기준'[5]))으로 살펴본다. 예산 기준에서 사회보장 재정은 12대 분류체계에서 보건·복지·고용에 해당하고, 16대 분류체계에서 사회복지와 보건 분야에 해당하는 것으로 볼 수 있다. 예산 기준과 SOCX 기준에서 사회보장 재정에 대한 집계 기준이 다르고, 포괄범위 및 재정 주체의 범위도 다소간 상이하다. 예산 기준에서는 사회보장 재정에 대한 파악이 재정 공급의 관점에 있고, 일반적으로 중앙정부를 재정 주체로 하여 정부의 프로그램 회계에 따라 분류되는 사회복지 및 보건 분야 사업이 포함된다. 반면에 SOCX 기준에서는 사회보장 재정에 대한 파악이 수혜자 관점에 있고, 중앙정부, 지자체, 공기업에서 시행하는 사회보장성 사업이 포함된다. 이에 따라 SOCX 기준에서는 예산 기준 대비 1) 재정 주체 기준으로 지자체와 공기업, 2) 사회보험 중 재정 외로 운영되는 건강보험과 장기요양보험, 3) 일반재정 사업 중 사회복지 및 보건 외 분야에 포함되는 저소득층 지원 등 사회보장성 성격을 갖는 재정사업, 4) 조세지출로 운영되어 예산에 포함되지 않는 근로장려금 및 자녀장려금 등이 포함되고, 반면에 서비스 전달체계상

---

4) 보다 정확하게는 지방자치단체 및 교육청 예산을 포함하는 통합재정 관점이 되어야 하겠으나, 본 연구에서는 중앙정부에 한정한다.
5) 단, 이하 OECD 사회복지지출은 공공분야(public)에 한정한다.

필수적으로 수반되는 경우를 제외하면 일반적인 사업운영비, 인건비, R&D성 지출, 정책 기반 조성 사업 등은 배제된다. 따라서 SOCX 기준에서는 궁극적으로 수혜자에게 귀속되는 사회보장 재정 규모를 파악할 수 있는 장점이 있고, 예산 기준에서는 정부 기준에서 사회보장 분야의 재정 총량과 분야별 재원 배분의 관점에서 재정 현황을 살펴볼 수 있는 장점이 있다.

2010~2024년 동안 예산 기준으로 볼 때 사회보장 재정은 정부 총지출 대비 증가세가 컸으나, SOCX 기준 사회보장 재정에 비해 기간 중 증가율이 낮았던 것으로 나타난다. 예산 기준 사회보장 재정은 2010년 81.2조 원에서 2024년에 242.9조 원으로 기간 중 연평균 8.1%의 증가율로 확대되어, 연평균 5.9%로 증가한 정부 총지출 대비 1.4배가량 높은 증가세를 보였다. 이에 따라 정부 총지출 중 사회보장 분야의 비중은 2010년 27.7%에서 2022년 33.7%, 2024년 37.0%로 높아졌다. SOCX 기준 사회보장 재정은 2010년 101.7조 원에서 2022년에 376.2조 원[6]으로 연평균 11.5%의 증가율로 확대되었다. 이는 같은 기간 중 예산 기준의 사회보장 재정 증가율 9.0%(81.2조 원→229.1조 원)에 비해 높은 수준으로, 예산 기준에 국고지원금(예산액 대비 20% 이하)만 반영되는 건강보험 및 장기요양보험의 지출, 중앙정부 외 지자체나 공기업의 사회보장 지출, R&D성이나 인건비 등 대비 사업비 지출 등의 상대적 증가세가 높았던 영향으로 해석된다.

---

6) 2024년에 산출된 예측치이다.

<표 2-1> 사회보장 재정 추이: 2010~2024년, 예산 기준, SOCX 기준

(단위: 조 원, %, %p)

구분		예산 기준		SOCX 기준 ⓒ
		총지출 ⓐ	보건복지고용 ⓑ (=ⓑ/ⓐ)	
2010		292.8	81.2 (27.7)	104.0
2022		679.5	229.1 (33.7)	376.2
2024		656.6	242.9 (37.0)	-
연평균 증가율	2020~2010	7.3	9.0 (6.0)	11.5
	2024~2010	5.9	8.1 (9.3)	-

주: 1. 2010년과 2022년은 추경 포함 결산, 2024년은 본예산 기준임.
    2. ( )는 총지출 대비 비중값과 기간 중 비중값의 증감분임.
출처: 국회예산정책처. 재정통계시스템(https://www.nabostats.go.kr/);
    OECD. Data Explorer(https://data-explorer.oecd.org/)

명목 GDP(2020년 기준년) 대비 비율로 보면, 예산 기준 사회보장 재정은 2010년 5.9%에서 2022년에 9.9%로 1.7배, 2024년에 9.5%로 1.6배 확대되었고, SOCX 기준 사회보장 재정은 2010년 7.4%에서 2022년에 16.2%로 2.2배 확대되었다.

[그림 2-1] 사회보장 재정 추이: 명목GDP 대비, 예산 기준, SOCX 기준

(단위: %, %p)

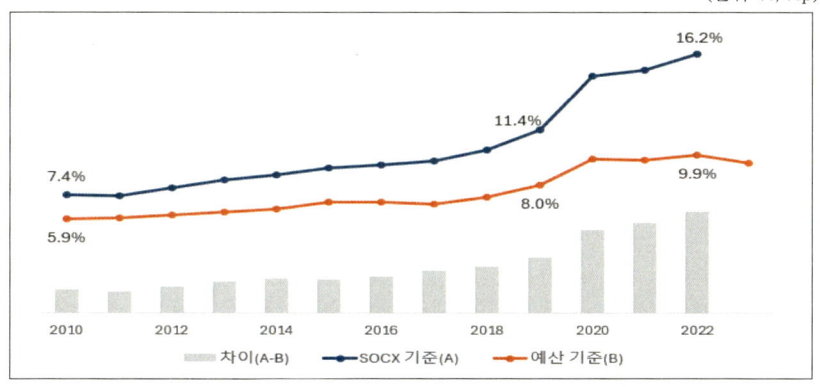

주: '예산 기준'에서 2010년과 2022년은 추경 포함 결산, 2024년은 본예산 기준이고,
    'SOCX 기준'에서 2010~2022년은 확정치, 2023~2024년은 예측치임.
출처: 국회예산정책처. 재정통계시스템(https://www.nabostats.go.kr/);
    OECD. Data Explorer(https://data-explorer.oecd.org/)에서 2024. 8. 20. 인출하여 저자 작성

사회보장 재정 중 8대 사회보험은 2015년 102.2조 원에서 2024년 219.2조 원으로 연평균 8.9% 증가하였다. 이 중에서 추계 모형 구축 대상인 국민연금, 건강보험, 장기요양보험의 합계액은 2015년 68.4조 원에서 2024년 157.0조 원으로 연평균 9.7% 증가하였다. 이에 따라 8대 사회보험 중 3개 사회보험이 차지하는 비율은 2015년 66.9%에서 2024년 71.6%로 4.7%p 높아졌다.

2015~2024년 중 국민연금의 연평균 증가율은 12.1%로 8대 사회보험 증가율보다 높고, 건강 및 장기요양보험 증가율은 8.9%로 같다. 이에 따라 8대 사회보험 중 국민연금의 비중은 기간 중 15.5%에서 20.2%로 4.7%p 높아졌고, 건강 및 장기요양보험의 비중은 51.4%로 유지되었다. 2024년 기준 8대 사회보험 예산 중 건강 및 장기요양보험의 비중은 51.4%로, 국민연금의 비중 20.2%에 비해 2.5배가량 크다.

〈표 2-2〉 사회보험 재정 추이: 2015~2024년, 추계 모형 구축 대상

(단위: 조 원, %)

구분		2015	2017	2019	2021	2023	2024
8대 사회보험		102.2	119.4	148.0	175.1	203.8	219.2(8.9)
A+B		68.4	82.5	102.5	118.1	144.4	157.0(9.7)
비중		66.9	69.1	69.3	67.4	70.9	71.6
노후 소득 보장 (A)	국민연금	15.9	19.8	23.5	29.9	39.9	44.3
	증가율	-	24.7	19.0	27.4	33.3	10.9(12.1)
	비중	15.5 [23.2]	16.6 [24.0]	15.9 [22.9]	17.1 [25.3]	19.6 [27.6]	20.2 [28.2]
의료 · 요양 (B)	건강·장기요양보험	52.5	62.7	79.0	88.2	104.5	112.7
	증가율	-	19.5	26.1	11.6	18.4	7.9(8.9)
	비중	51.4 [76.8]	52.5 [76.0]	53.4 [77.1]	50.4 [74.7]	51.3 [72.4]	51.4 [71.8]

주: 1. 2015~2023년은 결산, 2024년은 본예산 기준임.
　　2. 건강보험과 노인장기요양보험은 국가 재정 지원금이 아닌 전체 급여비 기준값임.
　　3. (　)의 값은 2015~2024년 중 연평균 증가율임.
　　4. 비중은 8대 사회보험 기준이고, [　]의 값은 국민연금과 건강·장기요양보험 합계 기준임.
출처: 보건복지부. 예산 및 기금운용계획 사업설명자료. (각 연도); 건강보험공단. 건강보험 통계연보. 노인장기요양보험 통계연보. (각 연도). 참조하여 저자 작성.

사회보장 재정 중 추계 모형 구축 대상이 되는 4개 일반재정 사업은 2015년 15.7조 원에서 2024년 39.5조 원으로 연평균 10.8% 증가하였다. 이 중 장기요양보험 의료급여분의 증가율이 13.9%로 가장 컸고, 다음으로 기초연금 11.8%, 생계급여 11.6%, 의료급여 7.6%의 순이다. 기간 중 증가액은 기초연금이 12.8조 원으로 가장 컸고, 다음이 생계급여 4.7조 원, 의료급여 4.3조 원, 장기요양보험 의료급여분 2.0조 원의 순이다. 이에 따라 일반재정 사업 중 비중은 기초연금이 47.1%에서 51.1%로 4.0%p, 장기요양보험 의료급여분은 5.7%에서 7.3%로 1.6%p, 생계급여 비중은 17.8%에서 19.0%로 1.2%p 높아졌고, 의료급여 비중은 29.3%에서 22.5%로 6.8%p 낮아졌다.

〈표 2-3〉 일반재정 사업 재정 추이: 2015~2024년, 추계 모형 구축 대상

(단위: 조 원, %)

구분		2015	2017	2019	2021	2023	2024
일반재정 사업 합계		15.7	18.1	23.7	29.5	35.3	39.5(10.8)
노후 소득보장	기초연금	7.4	8.1	11.6	15.0	18.2	20.2(11.8)
	비중	47.1	44.8	48.9	50.8	51.6	51.1
	생계급여	2.8	3.7	3.6	4.7	6.0	7.5(11.6)
	비중	17.8	20.4	15.2	15.9	17.0	19.0
의료 · 요양	의료급여	4.6	5.2	6.9	7.7	8.4	8.9(7.6)
	비중	29.3	28.7	29.1	26.1	23.8	22.5
	장기요양 의료급여분	0.9	1.1	1.6	2.1	2.7	2.9(13.9)
	비중	5.7	6.1	6.8	7.1	7.6	7.3

주: 1. 2015~2023년은 결산, 2024년은 본예산 기준임.
　　2. ( )의 값은 2015~2024년 중 연평균 증가율임.
　　3. 비중은 일반재정 사업 합계 기준으로 산출한 값임.
출처: 보건복지부. 예산 및 기금운용계획 사업설명자료. (각 연도); 건강보험공단. 건강보험 통계연보. 노인장기요양보험 통계연보. (각 연도). 참조하여 저자 작성.

추계 모형 구축 대상이 되는 사회보험과 일반재정 사업을 합하여 최근 재정 추이를 보면, 노후소득보장 부문은 2015~2024년 중 연평균 11.9%로 증가하였고, '의료·요양'은 8.9% 증가하였다. 이에 따라 추계 모형 구축 대상의 합계액 대비 비중은 노후소득보장 부문이 2015년 31.0%에서 2024년 36.6%로 5.6%p 상승한 반면, 의료·요양 부문은 69.0%에서 63.4%로 5.6%p 하락하였다. 2024년 기준 '의료·요양' 부문 비중은 63.4%, 노후소득보장 부문 비중은 36.6%이다.

〈표 2-4〉 사회보험과 일반재정 사업 재정 추이: 2015~2024년, 추계 모형 구축 대상

(단위: 조 원, %)

구분		2015	2017	2019	2021	2023	2024
합계(A+B)		84.1	100.6	126.2	147.6	179.7	196.5(9.9)
노후소득보장 (A)	국민연금	15.9	19.8	23.5	29.9	39.9	44.3(12.1)
	기초연금	7.4	8.1	11.6	15.0	18.2	20.2(11.8)
	생계급여	2.8	3.7	3.6	4.7	6.0	7.5(11.6)
	소계	26.1	31.6	38.8	49.5	64.1	72.0(11.9)
	비중	31.0	31.4	30.7	33.6	35.7	36.6
의료·요양 (B)	건강·장기요양보험	52.5	62.7	79	88.2	104.5	112.7(8.9)
	의료급여	4.6	5.2	6.9	7.7	8.4	8.9(7.6)
	장기요양 의료급여분	0.9	1.1	1.6	2.1	2.7	2.9(13.9)
	소계	58.0	69	87.5	98	115.6	124.5(8.9)
	비중	69.0	68.6	69.3	66.4	64.3	63.4

주: 1. 2015~2023년은 결산, 2024년은 본예산 기준임.
    2. (   )의 값은 2015~2024년 중 연평균 증가율임.
    3. 비중은 노후소득보장과 의료·요양의 합계 기준으로 산출한 값임.
출처: 보건복지부. 예산 및 기금운용계획 사업설명자료. (각 연도); 건강보험공단. 건강보험 통계연보. 노인장기요양보험 통계연보. (각 연도). 참조하여 저자 작성.

제2절 사회보장 재정추계의 공통 전제

본 연구에서 추계 모형을 통한 재정추계는 인구추계와 거시경제변수 전망치를 공통의 전제로 한다. 인구추계는 장래인구추계(통계청, 2021)를 이용하였고, 거시경제변수는 동 인구추계를 바탕으로 이루어진 국민연금 제5차 재정계산(국민연금재정추계전문위원회, 2023)의 장기 전망치를 이용하였다. 통계청의 최근 2023년 추계 대신 2021년 추계로 한 데에는 동 인구추계를 바탕으로 이루어진 국민연금 제5차 재정계산(국민연금재정추계전문위원회, 2023)의 공개된 거시경제변수 장기 전망치를 이용할 수 있고, 사회보험 재정추계의 경우 국민연금공단이나 국회예산정책처 등 타 기관의 장기 전망 결과와 비교할 수 있는 점을 고려하였다. 인구추계는 장래인구추계(통계청, 2021) 중 중위 가정에서 산출된 결과를 적용하였다. 이는 장래인구 결정에 중요한 출생, 사망, 국제이동의 추이를 2020년까지의 인구 동향에 근거해 반영한 것으로, 당시의 추계 시점에서 장래인구에 대해 실현 가능성이 가장 높을 것으로 예상되는 경우에 해당된다. 동 추계에 따르면, 한국의 총인구는 2020년에 5,184만 명으로 정점을 보인 후 감소세로 전환되어 이후 2070년까지 지속된다. 연령대별로 구분해 살펴보면, 15~64세 생산가능인구는 총인구 대비 1년 앞선 2019년에 3,763만 명으로 고점을 보인 후 감소세로 전환된다. 생산가능인구는 총인구 감소세를 주도하며, 총인구 중 비율은 2020년 72.1%에서 2050년에 51.1%로 하락해 21.0%p 낮아지고, 2070년에는 다시 46.1%로 하락해 2050년 대비 5.0%p 낮아진다. 반면에 65세 이상 고령인구는 2020년 1,028만 명에서 2050년에 1,900만 명으로 증가하고, 이후 소폭의 감소세로 전환되어 2070년에는 1,747만 명이 된다. 이에 따라 총인구 중 고령인구 비율은 2020년 19.8%에서 2050년 40.1%로 상승해

20.3%p 높아지고, 2070년에 46.4%로 상승해 2050년 대비 6.3%p 높아진다. 이러한 연령대별 움직임에 따라 생산가능인구 100명당 고령인구 수를 나타내는 노년부양비는 2020년 27.5명에서 2050년 78.6명으로 51.1명 증가하고, 2070년에는 100.6명으로 2050년 대비 22.0명 증가한다.

〈표 2-5〉 장래인구추계(통계청, 2021): 중위추계 기준

(단위: 만 명, 명/100명, %)

연도	총인구	15~64세(A)		65세 이상(B)		노년부양비 (B/100A)
		인구	비율	인구	비율	
2020	5,184	3,738	72.1	1,028	19.8	27.5
2025	5,145	3,561	69.2	1,059	20.6	29.7
2030	5,120	3,381	66.0	1,306	25.5	38.6
2035	5,087	3,144	61.8	1,529	30.1	48.6
2040	5,019	2,852	56.8	1,724	34.4	60.5
2045	4,903	2,624	53.5	1,834	37.4	69.9
2050	4,736	2,419	51.1	1,900	40.1	78.6
2055	4,515	2,265	50.2	1,877	41.6	82.8
2060	4,262	2,066	48.5	1,868	43.8	90.4
2065	4,007	1,875	46.8	1,840	45.9	98.2
2070	3,766	1,737	46.1	1,747	46.4	100.6

주: '비율'은 총인구 대비 값임.
출처: 통계청. (2021). 국가통계포털, https://kosis.kr/index/index.do 에서 2024. 3. 9. 인출하여 저자 작성

통계청(2021) 장래인구추계의 전년 대비 증감 규모를 보면 생산가능인구는 2070년까지 큰 폭의 감소세가 지속되는 데 반해, 고령인구는 2030년대까지 큰 폭의 증가세가 지속된 후 2040년대에는 증가 규모가 작아지고 2050년대부터는 소폭의 감소세로 전환된다. 생산가능인구는 2030년대 초반까지 40만 명대씩 감소하고, 2030년대 중반에서 2040년대 중반까지는 50~60만 명대씩 감소해 감소 규모가 커지고, 이후 감소 규모가

작아지기는 하나 2070년까지 30~40만 명대의 감소 규모가 지속되는 것으로 나타난다. 이에 반해 고령인구는 2024~2026년에 50~60만 명대씩 증가하고, 2030년대에 40만 명대, 2040년대에 20만 명대로 증가 규모가 작아지고, 2050년대부터는 감소세로 전환된다.

따라서 2020년대에는 생산가능인구의 감소보다 고령인구의 증가가 큰 규모로 진행되고, 2030년대 중반에서 2040년대까지는 고령인구의 증가보다 생산가능인구의 감소 규모가 더 커지고, 2050년 이후에는 생산가능인구와 고령인구 모두 감소세를 보이게 된다. 이를 통해 2020년대에는 고령인구 증가에 따른 지출 증가의 압력이 상대적으로 보다 강하게 작용하고, 2030년대 이후에는 생산가능인구 감소에 따른 수입 감소의 압력이 보다 강해질 것으로 예상할 수 있다.

[그림 2-2] 생산가능인구와 고령인구의 전년 대비 증감 추이: 중위추계 기준

(단위: 만 명)

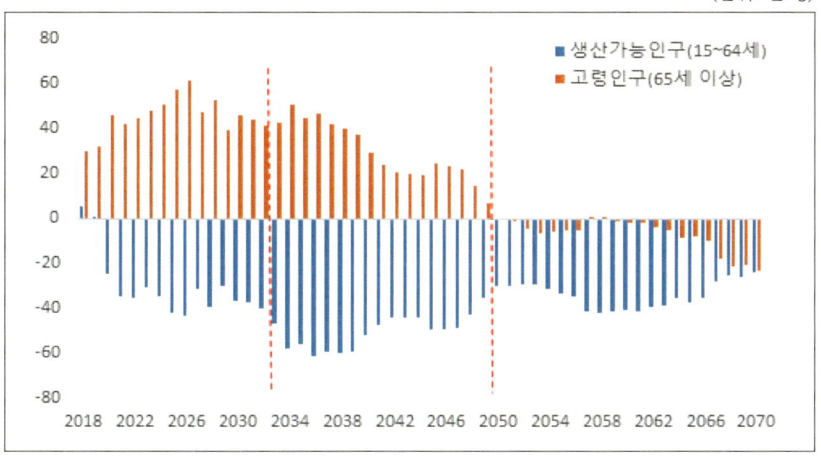

출처: 통계청. (2021). 장래인구추계. 국가통계포털. https://kosis.kr/index/index.do에서 2024. 3. 9. 인출하여 저자 작성

통계청의 2021년 인구추계에 기반한 거시경제변수 전망치는 국민연금 제5차 재정계산 관련 회의자료와 보고서에서 차용하였는데(이영숙 외, 2024), 5~10년 단위로 공개되거나 시점별 자료로 공개된 거시경제변수 전망치를 선형보간법을 통해 연도별 자료로 환산하였다.

동 전망에 따르면, 실질경제성장률은 2040년대 초부터 0%대로 진입하여 2060~2070년대는 0.2%로 낮아지고, 명목 경제 성장률은 3~4%대에서 장기적으로 2%대로 낮아진다. 물가상승률은 2024년부터 한국은행의 통화정책 목표 수준인 2%로 낮아지고, 명목임금 상승률은 장기적으로 3%대 중후반 수준으로 낮아진다. 경제활동참가율은 2040년까지 상승세를 보인 후 다소간 하락한다.

〈표 2-6〉 거시경제변수 전망치

(단위: 조 원, %)

	명목GDP	실질 경제 성장률	명목 경제 성장률	물가상승률	명목 임금 상승률	경제활동 참가율
2020	1,941	-0.7	0.8	0.5	0.1	62.5
2025	2,446	1.9	3.7	2.0	3.9	71.4
2030	2,928	1.6	3.4	2.0	3.9	72.4
2035	3,448	1.3	3.1	2.0	3.9	73.8
2040	4,001	1.0	2.8	2.0	3.9	75.8
2045	4,556	0.7	2.5	2.0	3.8	75.3
2050	5,114	0.6	2.3	2.0	3.8	75.2
2060	6,389	0.3	2.1	2.0	3.7	74.3
2070	7,797	0.2	2.0	2.0	3.6	75.0

주: 경제활동참가율은 생산가능인구(15~64세) 기준으로, 남자와 여자의 비율을 각각 52%, 48%로 가정하여 산출한 가중평균치임.
출처: 이영숙 외(2024)에서 재인용.

[그림 2-3] 거시경제변수 전망 추이

(단위: 조 원, %)

출처: 이영숙 외(2024)에서 재인용.

제3장

국내외 재정추계 사례

제1절 해외 재정추계 사례연구
제2절 국내 재정추계 사례연구

제3장 국내외 재정추계 사례

제1절 해외 재정추계 사례연구

장기 재정전망 일반론 및 방법론은 OECD(2019)의 "Budgeting and Public Expenditures in OECD Countries 2019"[7]와 OECD(2021)의 "The Long Game: Fiscal Outlook to 2060 Underline Need for Structural Reform"[8]을 비롯하여 미국 CBO, 미국 OMB, 캐나다, 스위스, 뉴질랜드, 호주 등 국가의 사례[9]가 있다. 사회보장 영역에 대한 전망은 European Commission(2023)의 "2024 Ageing Report: Underlying Assumptions & Projection Methodologies"[10]를 참고할 수 있다.

1. OECD(2019), "Budgeting and Public Expenditures in OECD Countries 2019"[11]

OECD 회원국 대부분이 재정 위험의 식별, 측정, 관리를 위한 제도 개선을 추진해 왔다. 법률로 국가 재정의 위험의 유형과 정도(risk appetite)를 명시한 국가는 스웨덴으로 유일하고, 대부분 국가에서는 모니터

---

[7] 국문 자료로 김현아 외(2019.5) 참고
[8] 국문 자료로 고창수, 오수정, 정상기(2023) 참고
[9] 국문 자료로 고창수 외(2021) 참고
[10] 국문 자료로 김우림(2024) 참고
[11] OECD(2019)를 발췌·요약한 김현아 외(2019.5) 참고

링의 대상이 되는 재정 위험을 결정하는 기준이 잘 규정되어 있지 않으며, 모니터링하는 실제 담당자들의 판단에 의존하고 있다. 재정 위험의 분석 기간은 단기, 중기, 장기로 구분될 수 있고, 수입 위험은 중기에는 재정에 대한 위협 요소가 될 수 있으나 장기에는 작아질 수 있으며, 고령화 위험은 장기적인 영향을 미치는 등 기간(time-horizon)이 위험 특성에 영향을 미친다.

재정 위험의 유형에 따라 구체적인 재정 위험의 식별은 다음과 같이 이루어진다. 정부 채무 관련 위험은 파이낸싱 위험(유동성 및 리파이낸싱 위험), 시장 위험(이자 및 외환 위험), 신용 위험, 법률 및 운영 위험, 모형 위험 등을 포함하고, 거시경제 관련 위험은 예상치 못한 생산 감소가 재정에 미치는 영향을 포함한다. 인구통계 관련 위험은 연금, 보건 등 고령화 관련 지출 증가를 포함한다.

사실상 모든 OECD 회원국에서 재정 위험을 완화하기 위한 조치를 추진하고 있다. OECD 회원국 대부분(31개국)이 비상 상황 및 미래의 지출 압력에 대비하여 충당금(allowances)을 설정하고 있고, 스웨덴, 뉴질랜드, 독일 등 일부 국가는 대규모 재정 위험의 완화를 위해 건전재정 기조를 유지하는 데 역점을 두고 있다. 스웨덴은 재정의 지속가능성 유지, 심각한 경제침체에 대비한 재정 여력 확보, 일시적이나 예상치 못한 인구 변화에 대응하기 위한 순채무 흑자 목표(net lending surplus target)를 강조하고, 뉴질랜드는 재정의 회복력, 충격 및 스트레스 흡수력 및 적응력 등을 평가하기 위해 정부 대차대조표의 중요성을 강조한다.

2. Guillemette & Turner(OECD, 2021), "The Long Game: Fiscal Outlook to 2060 Underline Need for Structural Reform"[12]

Guillemette and Turner(OECD, 2021)는 2017년에 발표한 장기 시나리오를 위한 재정전망 모형에 Guillemette(2019)의 연금, 공공 보건의료 지출 전망 방법을 적용하여 OECD 회원국 외 신흥국, 2개 파트너 국가를 포함해 총 48개국의 재정총량을 전망하였다.

경상지출은 기타 기초재정지출, 공적연금 지출, 공공 보건의료 및 장기요양 지출, 기타 기초재정지출, 이자지출로 구분하였다. 공적연금 및 장기요양보험을 포함한 공공 보건의료에 대한 지출은 Guillemette(2019)의 전망 방법을 활용하여 내생적으로 전망하고, 위 사회보장 지출 외 이자지출과 기타 기초재정지출은 OECD(2017)의 전망 방법을 활용하여 전망하였다.

공적연금 지출은 4종의 공적연금 급여를 포함하며, OECD 사회복지지출 통계(SOCX) 기반의 실적치를 활용하여 전망하였다. 전망 대상 급여는 노령연금, 조기 노령연금, 유족연금 그리고 장애연금이 해당되고, SOCX 실적치가 없는 국가는 스탠다드 앤드 푸어스(Standard & Poor's)의 2015년 자료를 활용하였다.

공공 보건의료 및 장기요양 지출은 OECD의 공공 보건의료 지출 관련 실적치를 활용하여 1인당 의료지출을 먼저 전망한 후 인구추계를 적용하여 전망하였다. OECD 보건의료 지출 실적치는 장기요양을 포함한 공공 보건의료 활동에 대해 정부 등의 의료서비스 제공자가 자금 조달한 현지 통화 기준 1인당 지출로 구성하였다. 위 실적치의 주 목적은 정부의 재정

---

12) 고창수, 오수정, 정상기(2023) 참고

압박을 평가하는 것으로 보건의료 부문의 의무지출을 포함하며 민간부문 보건의료 지출은 제외되었다. 공공 보건의료 지출 전망은 1인당 지출로 구성된 실적치를 활용하기에 1인당 보건의료 지출의 연간 성장률에 대한 주요 가정 설정이 핵심이다. 단, COVID-19가 공공 보건의료 지출에 미치는 장기적 영향은 고려하지 않았다.

3. CBO[13]

CBO의 장기 재정전망은 30년 시계의 기준선을 바탕으로 하고, 연방정부를 대상으로 재정수입 및 지출, 재정수지, 연방정부 부채에 대해 전망한다. 2023년 보고서의 경우 민감도 분석을 따로 수행하지 않고, 후속 보고서를 통해 다양한 민감도 분석을 실시하였다.

재정수입은 개인소득세, 급여세(payroll tax), 법인세, 소비세(Excise tax), 유산세 및 증여세, 기타 수입원으로 나누어 세목별 가정에 따라 전망하였다. 전망 시계열 첫 10년 동안 CBO의 예산 및 경제 중기 전망 보고서인 The budget and Economic outlook(이하, '중기 전망')의 GDP 대비 재정수입 전망치를 이용하며, 이후 기본적으로 현행법이 유지된다는 가정 아래 세목별로 전망한다.

재정지출은 비이자지출과 이자지출로 구분하고, 비이자지출은 다시 의무지출과 재량지출로 나누어 항목별 가정에 따라 전망한다. 비이자지출은 의무지출로 주요 건강보험 프로그램(메디케어, 메디케이드, 아동의료보험(CHIP)), 민간 건강보험 보조금(Marketplace Subsidie), 사회보장(Social Security) 지출, 기타 의무지출(Other)로 구분된다.

메디케어와 메디케이드, 민간 건강보험 보조금은 2033년까지 CBO 중

---
13) 국문 자료로 고창수 외(2021) 참고

기 전망을 따르고 2034년부터 수혜자 수, 초과비용 증가율(Additional Cost Growth) 가정을 고려하여 전망한다. 여기서 초과비용 증가율은 1인당 명목 의료비 증가율이 1인당 잠재GDP 증가율을 초과한 비용의 증가율을 의미한다.

사회보장(Social Security)지출은 전망 기간 동안 신탁기금(Trust Fund)의 고갈 여부에 상관없이 현재 현행법에 따라 2053년까지 예정대로 급여를 지급하는 것으로 가정한다. 아동의료보험은 2034년 이후 GDP 증가율로 일정하게 유지하는 것으로 하고, 기타 의무지출 중 환급형 세액공제(refundable tax credit)는 수입 전망의 일부로 전망한다. 그 외 기타 의무지출은 중기 전망에서 발표된 바와 같이 2030년부터 2033년 기간 동안 감소하고 이후에는 해당 감소 비율이 2053년까지 유지된다.

〈표 3-1〉 2034년 이후 초과비용 증가율 가정

항목	가정
메디케어	1.69%p(2034) → 0.22(2053)
메디케이드	1.59%p(2034) → 0.60(2053)
민간 건강보험 보조금	1.45%p(2034) → 0.60(2053)

출처: 고창수 외. (2021). 주요국의 장기재정전망과 국제비교. 한국조세재정연구원 조세재정전망센터. pp.1~17. 참고하여 저자 작성.

전망 기간은 최초 55년 전망에서 75년 전망으로 확대되었으나, 2016년 이후 다시 30년 전망으로 축소되었고, 장기 재정전망 초창기부터 현재까지 재정지출에 큰 비중을 두고 있으며, 인구 고령화의 직접적인 영향을 받는 사회보장지출 및 의료지출의 장기 전망에 초점을 맞추어 진행된다.

4. 미국 OMB, "FY2024 Analytical Perspectives"[14]

OMB의 장기 재정전망은 자체 경제·인구 전망을 토대로 연방정부를 대상으로 추계한다. 현 정책을 그대로 유지하는 시나리오와 FY2024년 예산안을 반영하는 시나리오로 나누어 재정수입 및 지출, 순이자지출, 재정수지, 기초재정수지, 국가채무에 대해 전망한다.

현 정책을 유지하는 시나리오는 FY2024년 예산안을 반영하지 않고, 현재의 정책이 추계 기간 동안 유지된다는 가정 아래 전망한다. 재정수입은 세입을 포함하여 전체 재정수입(Total receipts)을 전망한다. 재정지출은 의무지출과 재량지출로 구분되는데 이 중 의무지출은 주요 복지지출인 사회보장(Social Security), 의료지출인 메디케어(Medicare), 메디케이드(Medicaid)와 기타 의무지출로 구분된다. 재량지출은 국방 분야와 비국방 분야로 구분된다.

재정지출 중 의무지출은 중기 전망 이후 사회보장지출, 메디케어 등의 의무지출은 예산안의 중기 전망과는 별도의 모형으로 추계된다. 사회보장지출은 예산안의 경제 및 인구 전망을 사용하여 사회보장 보험수리국(Social Security Actuaries)에서 75년 시계열에 대해 전망하고, 메디케어는 2022 Medicare Trustees report의 수혜자 수 증가와 초과의료지출 성장률을 기반으로 전망한다. 메디케이드는 2033년 이후 수혜자 1인당 GDP 성장률보다 0.8%p 더 높은 초과의료비 성장률을 가정한다. 재량지출은 2033년까지 OMB 10년 중기 전망을 따르고 이후부터 인플레이션과 인구 증가율에 연동한다.

전망 기간은 FY1997 예산안에서는 2050년까지로 하였고, FY1999년부터 FY2017년까지는 70년 이상의 상이한 기간에 대해 하였는데,

---
14) 국문 자료로 고창수 외(2021) 참고

FY2018년 이후 25년의 기간으로 하고 있다. 단, 사회보장(OASDI) 및 건강보험의 계리적 전망의 경우에는 지속적으로 75년의 기간으로 하고 있다.

5. 캐나다(2022), "2022 Fiscal Sustainability Report"[15]

법적 근거는 마련되지 않았으며 의회 직속기구에서 전망을 담당하고 있다. 연방정부와 지방정부인 주(州)정부 및 공적연금기금을 구분하고, 자체 전망 거시 전제를 통계청 재정통계와 일치시켜 일관성 있는 전망을 실시하고 있다.

전망의 범위는 연방정부 및 지방정부(provincial, territorial, local, and aboriginal gov't)의 세입 및 세출을 포함하고, 2012년 보고서부터 연금 기금(Canada pension Plan & Quebec Pension Plan, CPP & QPP)을 포함한다. 전망 분야는 연방정부 및 지방정부인 주(州)정부의 총수입 및 지출, 그리고 연금 수입 및 지출이 해당된다.

연방정부는 총수입 및 지출 프로그램과 함께 순부채(Net debt), 각종 이전재원(Transfer)에 대해 전망하는데, 지출 프로그램의 경우 개인에 대한 주요 이전지출(Major Transfers to persons)인 노령수당(Elderly benefits), 아동수당(Children's benefits), 고용지원(Employment Insurance benefits) 등이 해당된다. 지방정부로의 주요 이전지출(Transfers to subnational government)은 의료보조(Canada Health Transfer, CHT), 사회보조(Canada Social Transfer, CST), 형평화교부금(Equalization), 준주교부금(Territorial Financing Formula), 기타 이전금(Other transfers)이 해당된다.

---

15) 국문 자료로 고창수 외(2021) 참고

주정부는 자체 수입(Own-Source Revenue), 연방정부로부터의 이전 재원 수입(Transfer revenue), 지출 프로그램(Program spending), 순부채(Net debt)를 전망한다. 이 중에서 지출 프로그램은 의료비(Health spending), 교육비(Education spending), 사회적 지출(Social spending), 기타 프로그램 지출(Other program spending)로 구분된다.

공적연금 전망은 순현금흐름(net cash flow), 순자산(net asset position)에 대한 전망과 인구 및 경제 시나리오에 따른 민감도 분석을 실시한다. 동 전망은 2018년 12월에 발표한 제30차 캐나다 연금 보험 보험수리 평가 보고서(the 30th Actuarial Report of the Canada Pension Plan)와 연금 보험수리 평가보고서(the Évaluation actuarielle du Régime de rentes du Québec)를 반영한다.

연방정부 전망에서는 각 수입과 지출 요소가 명목GDP의 연간 성장률에 따라 증가한다고 가정한다. 수입의 경우 캐나다 국민의 세금 부담을 장기 전망에 걸쳐 동일하게 유지하고, 지출은 연방정부와 지방정부 지출액 모두 명목GDP에 연계한다.

$$\text{EXP}_t = \text{EXP}_{(t-1)} \times \left(\frac{AGE_t}{AGE_{t-1}}\right) \times \left(\frac{GDP_t}{GDP_{t-1}}\right) \times (1 + X_t)$$

AGE_t는 연령구조에 따른 가중치를 적용하고, X_t는 an enrichment factor로 지출 분야별로 설정하되 보건 및 노인복지 지출 분야에만 해당되며, 교육, 아동복지에 대한 지방정부 지출의 경우 장기적으로 0으로 가정한다. 이는 상대적으로 고령층을 대상으로 한 지출이 장기적으로 증가할 것이라는 의미를 내포한다.

의료비 분야는 2016년까지 '초과의료비용(excess cost growth)'에 대한 가정을 따로 설정하여 추계하였으나, 2017년부터는 1인당 실질

GDP에 따라 증가하는 것으로 방법이 변화하였다. 초과의료비용은 명목 GDP 증가율을 초과하는 의료비 증가율을 의미한다.

전망 기간은 이전 보고서와 동일하게 75년 시계열이며, 2022년 보고서는 2022년부터 2096년까지 전망하였다. 전망 기간을 75년으로 설정한 것은 인구 고령화의 영향을 반영하기 위한 것이며, 이는 공적연금 Actuarial Report에서와 동일한 기간이다.

6. 스위스(2021), "2021 Report on the Long-term Sustainability of Public Finances"[16]

연방정부(confederation)와 주정부(cantons), 지방정부(municipalities) 및 사회보장기금에 대하여 구분하여 전망을 실시하였으며, 인구와 관련된 지출에 중심을 두고 있다. 동 전망에서는 COVID-19에 따른 불확실성으로 인해 낙관 및 비관 시나리오로 구분하여 전망하였다.

전망 범위는 일반정부(general government)의 수입·지출과 부채로, 연방정부(confederation), 주정부(cantons) 및 지방정부(municipalities), 사회보장기금을 포함하는 수입·지출과 부채를 전망한다.

전망 분야는 인구와 관련된 지출(노령 및 유족연금, 장애연금, 건강 및 장기요양보험, 교육)은 분야별 전망 방법에 따라 추계하고, 실업급여 같은 인구에 독립적인 지출은 명목GDP에 따라 증가하는 것으로 가정하였다. 다만, 이자지출은 인구에 독립적이나 별도로 전망하고, 수입은 명목 GDP에 따라 증가하는 것으로 가정하되 전망 결과는 제공하고 있지 않다.

전망 절차는 각 분야별 전망 결과를 도출하여 종합하는데, 공통 전제인 인구는 2020년 연방통계청(FSO)에서 발표한 2020~2050년 인구전망을

---

16) 국문 자료로 고창수 외(2021) 참고

사용하고, 거시경제 전망은 연방재정국(FFA)에서 직접 전망을 수행한다. 노령 및 유족연금, 장애연금 전망은 연방사회보험청(FSIO)의 추계치를 사용하고, 그 외 분야는 전망 방법에 따라 연방재정국(FFA)에서 전망한다.

전망 기간은 2021년 보고서의 경우 기준 연도인 2019년부터 2050년까지 30년이었는데, 이는 연방통계청(the Federal Statistical Office: FSO)의 인구 전제 전망 기간(2020~2050년)과 동일하게 설정한 것이다.

7. 뉴질랜드(2021), "He Tirohanga Mokopuna 2021"[17]

기존의 장기 재정전망 모델 이외에 새로운 확률론적 신고전학파 성장모형을 개발하여 대안 시나리오에 적용하였고, 2021년 장기재정보고서에서 처음으로 기후변화에 대한 재정적 영향을 분석하였다.

전망의 범위는 재무부가 core crown과 total crown에 대한 장기 재정전망을 실시하였고, 보고서상에는 core crown에 관한 전망 결과를 중심으로 제시하였다. Core crown은 행정부, 국회, 중앙은행을 포함하고, total crown은 core crown, 정책 사업을 수행하는 비영리 공공기관(crown entities), 국영기업(SOE)을 통틀어 지칭한다.

전망 분야는 지출의 경우 크게 운영비통제지출(operating allowance controlled expenses, 이하 운영지출), 복지지출, 운송 및 통신지출(transport and communications expenditure), 부채금융지출(debt financing expenditure)로 분류한다.

운영지출은 의료, 교육, 국방, 경제 및 산업 서비스, 법과 질서, 문화유산, 환경보호, 주택개발 등에 대한 지출을 포함한다. 복지지출은 뉴질랜드 노후연금(NZ Superannuation, 이하 NZS), 구직수당(Jobseeker

---

17) 국문 자료로 고창수 외(2021) 참고

Support), 한부모수당(Sole Parent Support), 생활지원 수당(Supported Living Payment), 가족근로세액공제(Working for Families tax credits), 부가 혜택(supplementary benefits)을 포함한다.

전망은 인구구조의 변화에 민감한 지출 항목인 의료, 교육, 연금은 모형을 통해 추계하고, 민감하지 않은 지출 항목은 수입과 같이 GDP 대비 일정 비율로 안정화시켜 유지한다. 또한 시나리오별 상이한 전망 모형을 바탕으로 재정수입 및 지출, 재정수지, 국가채무에 대해 전망한다.

'역사적 추세 시나리오'는 현 정책이 유지되고, 경제 주체들의 반응 또한 일정함을 가정한 기준 시나리오이며, LTFM 모델을 바탕으로 전망한다. LTFM 모델은 재무부의 기존 장기 재정전망 모델이며 이자율, 노동생산성, 인플레이션 및 인구적 요인에 대한 외생적 전망을 바탕으로 한 스프레드시트 회계 모형이다.

'대안적 시나리오'는 정부의 재정 대응과 재정에 충격을 주는 다양한 요소를 고려한 대안 시나리오이며, NCGM 모델을 바탕으로 전망한다. NCGM 모델은 재무부의 새로운 확률론적 신고전학파 성장 모형(Treasury's new Stochastic Neoclassical Growth Model)을 통해 향후 재정에 큰 부담 요인인 이자율 변동, 노동생산성 감소, 경제적 충격, 지진 등에 대한 분석을 실시한다.

전망 기간은 초기 5년(2021~2025년)까지의 예산안을 바탕으로 10년 시계열에 대한 중기 전망과 40년 시계열에 대한 장기 전망으로 구분한다. 중기 전망의 경우 중기 재정예측 모델(Financial Strategy Model, 이하 FSM)을 통해 가계·기업·정부·대외 요인들의 상관관계를 분석하여 경제·재정의 미래 상황을 예측하고, 그 결과를 "Budget Economic and Fiscal Update 2021"에 발표한다. 장기 전망의 경우 장기 재정전망 모델(Long-term Fiscal Model, 이하 LTFM)을 통해 2061년까지 재정적 위험과 위험에 대응하는 시나리오를 분석하며, 그 결과를 Long-term Fiscal Statement에 발표한다.

8. 호주(2021), "2021 Intergenerational Report"[18]

호주는 기준선 전망과 더불어 COVID-19로 인한 글로벌 경제충격 등 향후 40년간 경제 및 재정에 중대한 영향을 미칠 수 있는 변수를 포착하기 위한 민감도 분석을 실시하였다. 호주의 장기 재정전망은 연방정부(Commonwealth)에 국한되며 지방정부 예산은 포함하지 않는다.

전망은 수입과 지출 분야를 구분하여 실시된다. 이 중에서 지출은 보건의료(Health), 노인요양(Aged care), 장애연금(National Disability Insurance Scheme), 퇴직연금(Retirement income system), 소득 및 가족 지원(Income support and family assistance payments), 교육(Education and training), 기타 지출(Other spending)로 구분된다.

전망 방법은 2021~2022 예산안의 경제 및 재정 전망에 기반을 두고 인구, 경제활동참가율, 노동생산성 및 물가에 대한 전망을 반영하여 2060~2061년까지 확장하는 것으로 한다.

'보건의료'는 2031~2032년까지의 중기 기간에 대해서는 의료보험(MBS), 공립병원(public hospitals), 의약품 보조(pharmaceutical benefits), 개인 의료보험(PHI), 기타로 나누어 전망하고, 2032~2033년 이후 장기에는 총량 모형(aggregate model)으로 전망한다. '노인요양'은 1인당 현재 총지출에 추정된 비인구학적 증가율을 적용하여 도출한 후 예상 인구 증가와 CPI 증가율에 따른 명목상의 지출 추정치를 도출한다. '장애연금'은 장애가 있는 사람에 대한 장기요양 및 지원 제도로, 사

---

18) 국문 자료로 고창수 외(2021) 참고

회복지부(Department of Social Services)가 2031~2032년까지 10년에 대해 제공한 전망에 장기 총량 모형(long-run aggregate model)을 결합한다. 호주 정부가 제공하는 국립장애보험청(NDIA)에 대한 자금 지원 등은 예측 기간 동안 CPI에 따라 증가하는 것으로 가정한다.

이외에 소득보장 급여인 노령연금, 연금 세금 감면, 기타 추세적 급여로 분류하여 전망한다. '노령연금'은 재무부의 호주 퇴직소득 및 자산 모델(MARIA)을 사용하여 산출하며, 시뮬레이션된 연금 자산, 귀속된 비연금 자산 및 개인과 배우자의 간주 소득을 기반으로 노령연금 지출 및 보상 범위를 예측한다. '연금 세금 감면'은 MARIA를 사용하여 매년 독립적으로 추산하며 2035~2036년부터는 여러 개인소득세 기준과 감면액이 임금 상승률에 연동된다고 가정한다. '기타 추세적 급여'는 지출이 경제활동참가율과 밀접한 관련이 있고 단가 상승률이 물가 지수와 관련이 있는 경우 추세 모형을 사용하며, 장애지원연금, 육아급여, 구직자급여, 청년수당 및 교육훈련지원금, 양육급여 등 항목별로 구분하여 추계한 후 합산한다.

2020~2021년부터 2035~2036년까지의 전망은 '정책 변경 없음' 시나리오를 기반으로 하며 정부의 개인소득세 플랜 같은 기존 정책의 영향을 포함하였다. 2035~2036년 이후에는 GDP의 23.9%라는 일정한 GDP 대비 세수 비율을 가정하여 '하향식' 접근 방식을 사용하여 추정치를 도출한다.

전망 기간은 2020~2021 회계연도부터 2060~2061 회계연도까지 향후 40년의 기간을 대상으로 한다. 중기 및 장기 경제 전망은 2021~2022 예산안을 기반으로 한다.

9. European Commission(2023) 2024 Ageing Report: Underlying Assumptions & Projection Methodologies[19)]

유럽연합집행위원회(European Commission, EC)는 3년 주기로 EU 회원국 등의 경제 전망과 연금, 보건, 장기요양, 교육 등에 대한 재정전망을 제시하는 "Ageing Report(고령화 보고서)"를 발간하고 있다.

연금, 보건, 장기요양, 교육 등에 대한 정부 지출 합계액을 '고령화 비용(ageing costs 또는 age-related expenditure)'으로 명명하고 유럽연합 회원국과 비회원국인 노르웨이의 인구·경제·고령화 비용 전망 결과를 제시한다. 2018년 보고서까지는 실업급여에 대한 전망을 포함하였으나 2021년 보고서부터 제외되고 있다.

고령화 보고서는 기준선 및 시나리오별 전망 외에 다양한 가정을 사용한 민감도 검사를 수행(높은 기대여명 수준, 낮은/높은 이주율, 낮은 출산율, 높은 물가, 노인의 높은 고용률, 낮은/높은 총노동생산성 증가율 등)하여 그 결과를 보고한다. 2024년 4월에 발간된 고령화 보고서는 EC가 발간한 8번째 고령화 보고서로 유럽연합통계국(Eurostat)의 인구 전망을 기초로 경제 전망을 실시한 후, 부문별 지출 전망을 실시하였다. 전망 기간은 2022년부터 2070년이다. 연금은 국가별 모형에 근거하여 전망하되 국가 간 검토를 통해 일관성을 확보하고, 보건·장기요양·교육 분야에 대해서는 공통 모형을 적용하여 전망하였다.

'연금'은 각 국가의 공적연금제도에 대한 정부 지출에 초점을 두어 연금 급여 지출, 수급률, 급여율(benefit ratio),[20)] 대체율(replacement rate)[21)] 등의 항목에 대한 실적치(2000~2021년)와 전망치(2022~2070

---
19) 국문 자료로 김우림(2024) 참고
20) 평균 임금 대비 평균 연금 급여 비율
21) 평균 임금 대비 수급 개시 시점의 평균 연금 급여 비율

년)를 제출하고, AWG는 심층 동료 평가를 수행하여 방법론의 일관성을 확보한다. 공적연금 제도를 중심으로 하되 국가별로 자원할 경우 사적연금 제도에 대한 결과를 함께 보고한다. 공적연금 제도는 ① 소득연계 연금, ② 일정 금액을 지급하는 정액연금 또는 기본연금, ③ 최저연금 지급 목적의 자산조사에 기반을 둔 수당 등을 포괄하고, 노령연금 및 조기연금, 장애연금, 유족연금, 기타 연금 등(비용 보조를 목적으로 하는 급여 제외)을 대상으로 한다.

'보건'은 공통의 거시 시뮬레이션 모형을 활용하여 기존선을 포함한 7개 시나리오별 전망을 실시한다. 전망 과정은 ① Eurostat의 연도별·연령별·성별 인구 전망 활용, ② 국가별 최신 자료를 바탕으로 연령별·성별 1인당 공공보건지출 전망, ③ 다양한 가정을 바탕으로 2070년까지 연령별·성별 공공보건지출 추이 전망, ④ 연도별·연령별·성별 인구 전망에 연령별·성별 공공보건지출 전망치를 곱한 후 합산하여 총공공보건지출 전망치 산출로 이루어진다. 보건 영역의 경우 기준선을 포함하여 총 7개 시나리오가 구성된다.

〈표 3-2〉 보건 전망 시나리오

구분	시나리오						
	① 기준선	② 인구통계	③ 건강한 노화 없음	④ 건강한 노화	⑤ 노동집약	⑥ 부문 복합 조정	⑦ 리스크
인구	Eurostat	(기준선)	(기준선)	(기준선)	(기준선)	(기준선)	(기준선)
지출 수준	기대수명 증가 연수의 절반은 건강하지 않은 상태로 보내는 것으로 가정	(기준선)	2022년 비용 수준을 전망 기간에 유지	기대수명 증가 연수는 모두 건강한 상태로 보내는 것으로 가정	(기준선)	(기준선)	(기준선)
단위 비용 변화	1인당 GDP에 따라 변화	(기준선)	(기준선)	(기준선)	근로시간 당 GDP에 따라 변화	6개 부문별로 나누어 지출 변화를 각각 계산하여 합산	(기준선)
소득(GDP)에 대한 수요의 탄력성	비용 탄력성이 2022년 1.1에서 2070년 1로 수렴	1	(기준선)	(기준선)	(기준선)	1	비용 탄력성이 2022년 1.5에서 2070년 1로 수렴

출처: European Commission. (2023). 2024 Ageing Report: Underlying Assumptions & Projection Methodologies. [Table II.2.1]을 재구성.

'장기요양'은 보건 분야와 마찬가지로 공통의 거시 시뮬레이션 모형을 활용하여 기준선을 포함한 7개 시나리오별 전망을 실시한다. 전망은 ① Eurostat의 연도별·연령별·성별 인구 전망을 활용하여 의존 인구와 비(非)의존 인구 구분, ② 4가지 돌봄 유형별로 구분(비공식 돌봄, 재가 현물돌봄, 시설 현물돌봄, 현금지원)하여 돌봄 유형별로 수급자 수 추정, ③ 공공지출에 영향을 미치는 재가 현물돌봄, 시설 현물돌봄, 현금지원 각각에 대하여 연령별·성별 1인당 비용 수준 산출, ④ 기준 연도에 맞추어 현물은 근로 시간당 GDP로, 현금은 1인당 GDP로 비용 조정(indexation), ⑤ 각 유형별 연령별·성별 인구와 1인당 비용을 곱한 후 합산하여 총공공장기요양지출 전망치 산출로 이루어진다. 의존 인구는 유럽연합의 소득 및 생활여건조사(EU-Statistics on Income and Living conditions, EU-SILC) 자료를 바탕으로 응답자 중 6개월 이상 최소 1가지 이상의 일상생활수행능력(Activities of Daily Living, ADL) 또는 수단적 이상생활수행능력(Instrumental Activities of Daily Living, IADL)에 이상을 겪는 사람으로 정의한다. 돌봄 유형별 수급자 수는 의존 인구 대비 돌봄 유형 각각의 수급자 비율 실적치를 바탕으로 추정한다.

돌봄 유형별 연령별·성별 1인당 비용은 국가별 자료, Eurostat의 보건계정체계(SHA) 및 유럽사회보호통합시스템통계(ESSPROS)를 사용하여 기준 연도의 돌봄별 총공공지출을 수급자 수로 나누어 산출한 후 GDP를 활용하여 조정(indexation)한다.

시나리오는 기준선을 포함하여 총 7개 시나리오로 구성된다.

〈표 3-3〉 장기요양 전망 시나리오

구 분	시나리오					
	① 기준선	② 건강한 노화 없음	③ 건강한 노화	④ 수급률 수렴	⑤ 비용 수렴	⑥ 리스크
인구	Eurostat	(기준선)	(기준선)	(기준선)	(기준선)	(기준선)
인구 대비 의존 인구 비율	기대수명 증가 연수의 절반은 건강하지 않은 상태로 보내는 것으로 가정	2019~2021년 의존 인구 비율이 전망 기간 유지	기대수명 증가 연수는 모두 건강한 상태로 보내는 것으로 가정	(기준선)	(기준선)	(기준선)
지출 수준	2022년 비용 수준	(기준선)	(기준선)	(기준선)	국가별 비용 수준이 EU 평균 수준으로 수렴	국가별 비용 수준이 EU 평균 수준으로 수렴
정책 환경	돌봄 유형별 수급률이 2022년 수준으로 유지	(기준선)	(기준선)	공적 현물돌봄 수급률은 EU 평균 이상으로 수렴	(기준선)	공적 현물돌봄 수급률은 EU 평균 이상으로 수렴
단위 비용 변화	(현물) 근로 시간당 GDP, (현금) 1인당 GDP로 조정 * 국가별 추가 조정 실시	(기준선)	(기준선)	(기준선)	(기준선)	(기준선)
소득 (GDP)에 대한 수요의 탄력성	2022년 지출 사분위수가 가장 높은 국가들은 1, 나머지는 1.1에서 2070년 모두 1로 수렴	(기준선)	(기준선)	(기준선)	(기준선)	(기준선)

출처: European Commission. (2023). 2024 Ageing Report: Underlying Assumptions & Projection Methodologies. [Table II.3.1]을 재구성.

10. EU(2024)의 의료비 지출

　미래 의료비 지출을 예측하는 데 사용되는 모델은 표준 거시 시뮬레이션 모델로, 전체 인구를 연령 및 성별 같은 공통된 특징을 가진 여러 그룹으로 세분화한다. 시간이 지남에 따라 각 그룹의 개인 수가 변화하면 내생 변수의 총값도 변화한다. 의료비 지출에 대한 모든 예측 시나리오의 공통 요소는 집행위원회(DG ECFIN)와 EPC-AWG가 합의한 노동력 및 거시경제 가정과 유로스탯에서 제공하는 2023년 기준 인구 예측이다. 연령 및 회원국은 성별에 따른 1인당 공공지출(보건의료) 프로필을 제공하고, 이 프로필은 기준 연도(2022년)의 명목 의료비 지출을 계산하기 위해 유로스탯에서 제공하는 인구 통계학적 예측과 결합된다. 다음 단계로 인구 구조에 적용된 연령별-성별 비용 프로필을 조정하여 2022년 보건의료에 대한 총공공지출에 합산되도록 조정된다. 의료비 지출에 대한 다양한 요인의 영향을 반영하는 조정은 (1) 인구의 건강 상태가 변화한다는 가정에 대한 연령 관련 지출 프로파일(단가 포착), (2) 거시경제변수에 맞춰 시간 경과에 따른 단가 변화에 대한 가정, (3) 수요의 탄력성 및 비인구학적 결정 요인에 대한 가정 중 하나를 적절히 변경하여 적용한다.

　기준선은 주로 인구 고령화의 영향과 비인구학적 결정 요인의 중간 정도의 영향을 포착하는데, 이 유로스탯에서 제공하는 기준 인구 예측을 기반으로 하며 다음을 가정한다. (1) 기대수명 증가로 늘어난 수명의 절반을 건강하게 소비하고, (2) 비인구학적 요인의 기여도가 수요의 소득 탄력성 효과와 같으며, 2022년 1.1의 비용 민감도가 2070년 통일로 수렴하는 것으로 모델링된다. 이 시나리오는 AWG가 2024년 전망 작업과 EU 재정 감시 분석에서 고령화가 전체 예산에 미치는 영향을 계산하는 데 사용된다.

[그림 3-1] 보건의료 지출 예측 방법론의 개요

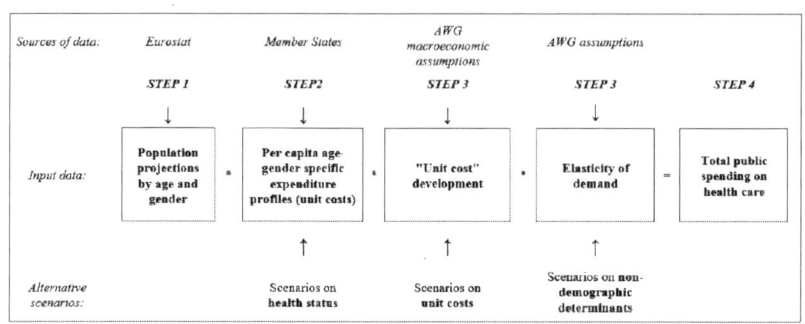

출처: European Commission. (2023) 2024 Ageing Report: Underlying Assumptions & Projection Methodologies. p.97. 재인용.

11. OECD(2005)

OECD에서는 의료비 지출을 분석한 후 장기요양에 대해 병렬추정법을 적용하여 추계한다.

장기요양은 노년층에 집중되어 있기 때문에 연령별 장기요양 지출 프로필이 예측 프레임워크의 기초이다. 의료와 대조적으로, 이러한 지출 곡선은 기본적으로 60~65세까지 0에 가깝고, 이후 국가별로 기울기가 다르며 급격하고 단조롭게 증가한다. 의료 예측에서는 생존자와 비생존자를 구분하는 반면, 장기요양 예측에서는 각 연령 그룹을 부양가족과 비부양가족으로 나누고, 부양가족당 장기요양 비용은 연령별 부양가족 비율을 통해 추정한다.

장애의 경우 기술적 진보가 장애인이 일하고 일상생활에 참여하는 데 도움이 될 수 있기 때문에 장애가 반드시 의존성으로 전환되는 것은 아니라고 보고, 수명 연장의 절반만이 의존성 감소로 전환된다고 가정한다.

장기요양 비용은 공식 및 비공식 의료비와 밀접한 관련이 있는데, 장기요양의 대부분이, 특히 남부 유럽 국가들에서 비공식적으로(무료로) 제공되고 있다. 그러나 노동력 참여가 미래에 증가할 것으로 예상되므로, 비공식 돌봄을 위한 자원이 줄어들고 비싼 공식 돌봄으로 대체되어야 할 가능성이 높다.

공식 돌봄의 경우 장기요양 직원의 인건비가 중요 변수이다. 영국의 경우 공공부문 주택의 직원 비용은 총 단위 비용의 85%를 차지한다. 장기요양은 노동 집약적이지만 생산성 향상의 여지는 제한적일 수 있다. 이는 잠재적인 "비용 질병"의 요인으로, 경제의 다른 상품이나 서비스에 비해 장기요양의 상대 가격이 상승하는 경향이 있음을 의미한다.

장기요양의 경우 수요의 가격 탄력성이 낮기 때문에 GDP에서 차지하는 지출 비중도 시간이 지남에 따라 증가하게 된다. 이러한 보몰(Baumol) 효과를 반영하기 위해 단위 비용이 간병 직원의 임금 증가를 나타내는 지표인 총노동생산성에 맞춰 증가한다고 가정한다. 장기요양 지출의 소득탄력성은 장기요양이 필수재 특징이 있음을 고려하면 0에 가깝게 된다. 대부분의 경우 시나리오에서 "보몰 탄력성"은 0.5로 가정되는데, 이는 소득 증가가 GDP 대비 장기요양 지출을 감소시키는 경향이 있음을 의미한다.

이외에 50~64세 인구의 노동시장 참여율을 통해 전체 장기요양 공급에서 비공식 돌봄이 차지하는 비중이 감소하는 추세를 반영한다. 또한, 연령이 높아짐에 따라 의존성이 급격하게 증가하기 때문에 인구통계학적 영향은 의료에서 관찰된 것보다 장기요양서비스 지출에서 상대적으로 큰 영향을 미치게 된다.

12. EU(2024) 장기요양

거시 시뮬레이션 모델은 인구통계학적 및 비인구통계학적 변수가 향후 장기요양에 대한 공공 지출에 미치는 영향을 반영한다. 이 모델에는 데이터 가용성 고려 사항을 기반으로 설명된 많은 치료 동인이 포함되어 있다. 이 민감도 분석에는 LTC 지출의 주요 동인에 대한 변화를 고려해, 미래의 고령자 수(사용된 인구 예측의 변화를 통해), 향후 부양 노인의 수(부양 유병률의 변화) 등이 해당된다. 연령 관련 지출 프로필은 공식적인 제공의 비중/관련성(주어진 수요 변화 또는 비공식 간병인의 가용성에 대한 외생적 변화를 가정), 공식적인 간병 시스템 내에서 재택 간병 및 시설 간병의 비중, 단가 등이 반영된다. 수요의 탄력성은 국가가 부유해질수록, 특히 포괄적인 장기요양 시스템이 없는 국가일수록 장기요양에 GDP의 더 큰 비중을 지출할 가능성이 커짐을 감안해야 한다.

[그림 3-2] 장기요양 지출 예측 방법론의 개요

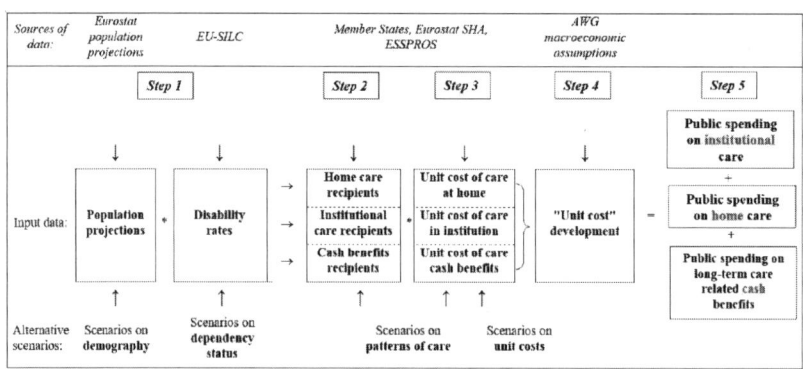

출처: European Commission. (2023). 2024 Ageing Report: Underlying Assumptions & Projection Methodologies. p.105. 재인용.

거시 시뮬레이션 모델은 전체 인구를 특정 특성(예: 연령, 성별, 1인당 지출액, 건강 상태, 치료/지원 유형)이 할당된 그룹으로 나누고, 동 그룹의 (상대적) 규모 또는 특징의 변화는 시간에 따른 지출 변화로 이어진다. 추계의 기준선은 정책 변경이 없다는 가정을 기반으로 하며, 이는 입법화된 조치만 고려하고 향후 정부 정책의 변화는 고려하지 않는다는 것을 의미한다.

13. 일본(2018)[22]

일본 사회보장 관련 장기 추계는 크게 의료·요양과 연금으로 구분하여 각각의 장기 재정추계를 시행한다. 거시경제나 재정의 장래 예측을 보여 주는 중요한 지표는 일본 내각부에서 작성된다. 내각부는 정기적으로 1년에 2회, 미리 정해진 가정에 근거해서 "중장기 경제재정에 관한 추계"(이하, '중장기 추계')를 공표한다. 경제재정 자문회의는 경제재정 정책에 관한 중요 사항에 대해서 전문가 등의 의견 및 지식을 활용하여 내각총리대신이 리더십을 충분히 발휘할 수 있도록 1999년 내각부 설치법 제정 당시에, 내각부에 설치된 합의제 기관이다. 이 보고서의 재정전망의 전제(경제성장률 등)가 정부의 정책 목표이기 때문에 낙관적인 전망을 제시한다는 비판을 받아왔다. 또한 추계 기간이 10년 정도밖에 되지 않아 제외국에 비해 매우 짧아 향후 급속한 인구구조 변화와 경제운용방침 결정에 적합하지 않다는 지적이 있어 왔다. 최근 내각부는 중장기 추계의 최신판(2024년 1월 22일)도 추계 기간이 2024년도부터 2033년도까지로 추계 기간이 10년 정도밖에 되지 않아 추계 기간이 짧다는 비판을 지속해서 받았다. 재정이나 경제 등을 전문으로 하는 학자나 연구기관 등 관련 기관에서 2050년이나 2060년도까지의 장기 추계를 동시에 제출해 달라는 요

---

22) 국문 자료로 고창수 외(2021) 참고

청이 높았다.

2018년에 내각부·재무성·후생노동성이 합동으로 "2040년을 전망한 사회보장의 미래상"이란 보고서를 작성했다. 이 보고서는 경제재정 자문회의 자료인 "인구감소·고령화의 진전으로 지속 가능한 경제재정의 구축을 위한 중장기적 전망과 정책 대응(2018년 3월 29일)"이란 보고서와 보조를 맞춰, 2040년을 내다본 사회보장 급여와 부담의 모습을 폭넓게 공유하기 위한 논의 자료를 제공하기 위해 작성되었다.

〈표 3-4〉 일본 중장기 재정추계 현황

추계의 개요	중장기 경제재정 추계	참고	
		2040년 사회보장 전망	공적연금 재정전망 및 검증
기간	10년간(2032년)	2040년까지	2115년까지
최신 추계	2023년 7월 (6개월마다)	2018년 5월	2019년 8월(5년마다)
발표 기관	내각부	후생노동성·내각관방· 내각부·재무성	후생노동성
인구 노동 참가	사회보장 인구문제 연구소 "장래 추계인구", 후생노동성 고용정책 연구회 "노동력 수급 추계"		
성장률· 물가 상승률	「경제재정 모델(2018년도 판)을 통한 추계」	2031년 이후는 일정한 수치를 가정	2028년도까지 중장기 추계, 그 후는 6가지 시나리오를 상정하고 일정한 수치를 가정
임금 상승률	「경제재정 모델」(2018년도 판)을 통한 추계」	2027년까지 명목성장률, 그 후는 2014년 재정 검증과 동일	시나리오별 노동생산성의 증가율과 동률, 분배율 일정하다고 가정
연금	재정 검증의 수급자 수·피보험자 수를 활용하여 추계	2014년 재정 검증을 활용	수급자 수·피보험자 수의 합계 추계
의료· 요양	합계 추계(총비용=1인당 단가 X 총인원, 연령, 제도별)		-
기타	베이스라인 case와 성장 실현 case에 대해서 정부의 재정수지를 추계	'아동·육아', '장애복지· 기초생보 등'을 포함한 사회보장비 추계(재정 전체는 추계하지 않음	6개 시나리오를 기초로 연금 재정을 추계. 소득대체율로 미래세대의 급여 수준을 예측(재정 전체는 추계하지 않음)

출처: 고창수 외. (2021). 주요국의 장기재정전망과 국제비교. 한국조세재정연구원 조세재정전망센터. pp.122-140. 참고하여 저자 작성.

인구 전제는 국립 사회보장 인구문제 연구소의 "일본 장래인구 추계"(2017년 추계, 출생 중위, 사망 중위)를 사용했고, 경제 전제는 내각부 「중장기 경제재정에 관한 추계(2018년 1월)」에 근거하여 추계하였다.

다음으로 경제 전제는 2027년도까지는 내각부의 "중장기 경제재정에 관한 추계"(2018년 1월), 2028년도 이후는 공적연금의 2014년도 재정 검증에 기반한 전체 수치를 사용했다. 경제 전제는 2가지 case로 추계(① 기준선 case, ② 성장 실현 case)했다.

다음은 추계의 내용인데, 의료·요양 급여비의 장래 규모를 '계획 베이스'와 '현장 투영 베이스' 2가지로 비교했다. 현재 전국의 도도부현, 시정촌에서 의료·요양 서비스의 전달체계 개혁과 적정화 정책이 추진되고 있는데, 이러한 개혁정책과 관련한 각종 계획(지역의료 구상, 의료비 적정화 계획, 요양보험사업계획)을 중심에 둔 '계획 베이스'의 예측과 현재의 연령별 수진율·이용률을 바탕으로 기계적으로 미래의 환자 수나 이용자 수를 계산한 '현장 투영' 예측을 비교하는 방식으로 작성했다.

의료는 2018년도의 '계획 베이스' 기준으로 45.3조 엔에서 2040년도에는 약 1.7배가 늘어난 76.3조 엔으로 증가할 것으로 예측되었다. GDP 대비 규모는 8.0%에서 9.7%로 약 1.7%p 증가할 것으로 추계하였다. '현장 투영'보다 각종 개혁 정책이 차질 없이 수행될 경우를 가정한 '계획 베이스'가 약 1.8조엔 부담 증가를 억제할 수 있을 것으로 보인다. 주목할 것은 보험료 증가보다는 조세 부담의 증가가 가파를 것으로 전망되었다는 점이다. 조세 부담은 2018년도 16.8조 엔에서 2040년에는 31조엔 규모로 약 1.8배 이상 부담이 늘어날 것으로 예측되었다. 요양은 2018년도의 11.4조 엔(2.0%)에서 2040년도에는 27.6조 엔(3.5%)으로 약 2.4배가 늘어날 것으로 전망되었다. 조세 부담은 2018년도의 5.8조 엔에서 2040년도의 13.9조 엔으로 약 2.4배가 늘어날 것으로 전망되었다. 요양의 경우는 「현장 투영」 기준에서는 26.3조 엔이 소요될 것으로 예측되었는데 「계획 베이스」에서는 오히려 27.6조 엔으로 1.3조 엔이 더 늘어날 것으로 추계하였다. 개혁을 추진했는데 오히려 비용이 증가하는 추계 결과가 도출된 이유는 지역 니즈에 맞춤형 서비스를 강화하여 질병과 질환의 상태에 맞춤형으로 적절한 의료·요양 서비스 제공이 가능한 사회를 구축한다는 목표하에서 추진되도록 설정되었기 때문이다.

이번 의료·요양 추계는 사회보장·조세 일체 개혁에서 "사회보장의 비용에 관한 장래 추계에 관해서(2011년 6월)" 및 "의료·요양에 관한 장기 추계(주로 서비스 전달체계 개혁에 관해서(2011년 6월)"(이하. "일체 개혁 추계"로 총칭한다)와 마찬가지로 의료·요양의 수요를 계산하고 거기에 기초하여 필요한 인력이나 비용 등을 계산하고 있다. 다만 다음과 같은 점에 유의할 필요가 있다. 일체 개혁 추계에서의 개혁 시나리오는 일정의 서비스 전달체계 개혁 시나리오에 기초하여 서비스 이용 상황이나 단가 등을 변화시킨 후에 추계하고 있지만 이번 추계에서의 계획 베이스는 이미 구체적으로 결정된 각종 계획(지역의료 구상, 의료비 적정화 계획, 제7기 요양보험 사업계획)에서 사용한 수치를 그대로 반영하였다.

일체 개혁 추계와 마찬가지로 환자 수나 이용자 수 등의 수요를 기초로 계산하였으며, 공급 면에서는 필요한 수급에 일치한 공급을 가정하고 필요한 인력과 비용을 계산하였다. 따라서 수요자 측인 환자 수가 감소하는 경우, 그 감소에 맞도록 서비스 공급량도 감소하는 것으로 가정한다. 마지막으로 의료에서는 연령별·제도별 실효 급여율, 요양에서는 전체 실효 급여율을 고정하여 장래의 의료 급여비 및 요양 급여비를 산출하였다.

[그림 3-3] 2040년도 의료·요양 추계

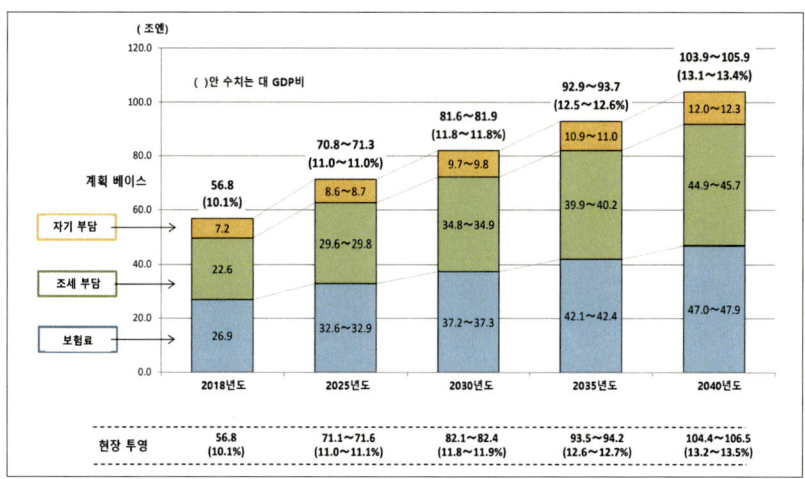

출처: 일본 내각관방 외. (2018). 2040년을 전망한 사회보장의 미래상(논의 자료) [정책보고서]. 참고자료 의료·요양비 장래 전망.
https://www.mhlw.go.jp/stf/seisakunitsuite/bunya/0000207382.html

제2절 국내 재정추계 사례연구

국내에서 수행되고 있는 사회보장 전반을 포괄하는, 즉 사회보장 통합 재정추계 모형은 사회보장위원회의 사회보장 재정추계, 기획재정부와 국회예산정책처의 장기 재정전망에서 그 사례를 확인할 수 있다. 기관별로 다소 표현의 차이는 있으나 기획재정부와 국회예산정책처는 재정의 지속가능성과 재정 위험의 관점에서, 사회보장위원회는 사회보장제도의 안정적 운영의 관점에서 전망의 목적을 제시하고 있어 국내 사회보장 통합 재정추계 사례에서는 재정의 지속가능성이 공통으로 강조되고 있다.

전망 주기는 사회보장위원회와 국회예산정책처의 장기 재정전망이 2년, 기획재정부가 5년으로 설정되어 있는데, 사회보장위원회와 기획재정부에서는 2020년 각각 제4차 중장기 사회보장 재정추계와 제2차 장기 재정전망 결과가 발표되었고, 국회예산정책처에서는 2022년 장기재정전망 결과가 발표되었다. 전망 기간은 모두 40년 이상으로 하여, 전망 시행 연도부터 2060년 혹은 2070년까지를 포함한다.

전망의 범위와 대상을 보면, 기획재정부와 국회예산정책처의 장기 재정전망에서는 국가 재정관리를 목적으로 하여 총수입과 총지출을 추계하고 이를 바탕으로 재정의 지속가능성 점검을 위해 국가채무 비율을 전망한다. 사회보장위원회의 중장기 재정추계에서는 사회보장 분야의 재정 추이와 국제 비교를 위해 OECD 공공사회복지지출(SOCX)을 기준으로 총량 및 9대 정책영역별 지출을 추계한다.

전망 방법은 세 기관 모두 개별 제도별로 조성법에 기반하여 추계하고 이들의 합계로서 재정 총량을 산출한다는 점에서 동일하다. 단, 사회보험 재정전망의 경우 기획재정부나 사회보장위원회는 해당 소관 기관의 전망 결과를 원용하는 반면, 국회예산정책처는 자체적으로 전망한다는 점에서 차이가 있다. 개별 항목 추계에서는 수리 모형과 코호트 요인을 고려하거나 회귀분석을 활용하거나 혹은 장기 추세를 고려하고, 명목 거시경제변수 전망치의 변화율에 연동하는 방식을 취하고 있다.

각 장기 재정전망에서는 인구 중위, 거시경제변수 중립을 가정하는 기준선(baseline) 추계를 기본으로 하되, 인구 및 거시경제 변수에 대한 불확실성 및 기초율 변수의 변화 가능성을 반영하기 위해 필요한 시나리오 혹은 민감도 분석을 병행한다. 기획재정부는 재정추계의 전제가 되는 인구 및 거시경제 변수 전망 결과에 대해 기준선 외 4개의 시나리오와 함께 의무지출 증가를 완화하는 수입 확대 시나리오를 설정하고 있다. 국회예산정책처는 재량지출 시나리오와 함께 인구전망 가정에 따른 결과를 추가로 제시하고 있다.

〈표 3-5〉 국내 사회보장 통합 재정추계 모형 비교

구분	사회보장위원회(2020.8.) 제4차 중장기 사회보장 재정추계	대한민국정부(기획재정부)(2020. 9.) 2020~2060년 장기 재정전망	국회예산정책처(2022. 8.) 2022~2070년 NABO 장기 재정전망
전망 목적	장기적 관점에서 사회보장제도의 안정적 운영을 위한 방향 제시	재정의 지속가능성을 점검하고 향후 재정 위험 요인에 대비	중장기적인 지속가능성의 관점에서 재정에서 재정의 현 상태 점검, 재정 위험 예상 요인 파악
전망 시기 및 주기	2014년 이후, 2년 주기, 최근 2020년	2015년 이후, 5년 주기, 최근 2020년	2012년 이후, 2년 주기, 최근 2022년
전망 기간	2020~2060	2020~2060	2022~2070
전망 범위 및 대상	OECD 공공사회복지지출(SOCX) 9대 정책영역 기준 일반재정+사회보험 (일반재정) 중앙·지방정부의 공공부조·사회보장 및 사회서비스 (사회보험) 8개 사회보험	총수입(6개 사회보험 포함) 총지출(8개 사회보험 포함) 국가채무(GDP 대비) (추가) 4대 공적연금 - 수금자, 가입자 수 - GDP 대비 당기재정수지	총수입(6개 사회보험 포함) 총지출(8개 사회보험 포함) 국가채무(GDP 대비) (추가) 국민연금, 사회연금기금 - 기금 누적 적립금
전망 방법 및 모형	사회보험: 기관별 전망 결과 원용 일반재정: (보육정책, 장애인정책, 노인돌봄서비스, 기초생활보장제도) 수리 모형을 통한 조성별 (적극적 노동시장 프로그램, 공공임대주택 지원 등) 명목임금 상승률 및 명목 경제성장률 등 반영	조성별 기타 복지 의무지출은 사회보장위원회 추계결과(2020) 원용 재량지출 비추계(중지출이 경상성장률 수준으로 증가할 것으로 가정) 등	조성별 세목, 사회보험별 추계 의무지출은 의무지출별 추계 (재량지출은 시나리오 적용)

구분	사회보장위원회(2020.8.) 제4차 중장기 사회보장 재정추계	대한민국정부[기획재정부](2020. 9.) 2020~2060년 장기 재정전망	국회예산정책처(2022. 8.) 2022~2070년 NABO 장기 재정전망
시나리오/민감도 분석	통계청 인구전망 중위 가정, KDI 전망 경제변수 및 노동변수 적용 시나리오 및 민감도 분석 없음	(1) 현상 유지: 인구 증위, 경제 증립 (2) 성장 대응: 증위, 적극 (3) 인구 대응: 고위, 증립 * 각 시나리오별로 신규 의무지출 도입에 따른 수입 확대를 가정한 정책 조합 시나리오 설정	(1) 재량지출 시나리오 ① GDP 대비 재량지출 비율이 12.8%로 장기 수렴 (~2025년) (국가재정운용계획 반영). ② GDP 대비 재량지출 비율이 11.7%로 장기 수렴(일시적 코로나19 충격) (~2025년) 시나리오 1과 동일. ③ (2026년~) 소비자물가 상승률로 재량지출 증가. ④ (~2025년) 시나리오 1과 동일, (2026년~) 명목GDP 성장률로 총지출 증가. 재량지출은 총지출에서 의무지출 차감 (2) 각 재량지출 시나리오별로 인구전망 고위·중위·저위 가정 반영
주요 전망 결과 등	2060년 GDP 대비 공공사회보장지출 비율: (1) 총규모: 12.5%(2020) → 27.6%(2060) 2) 사회보험: 8.0% → 22.8% (인구 고령화, 연금제도 성숙) (3) 일반재정: 4.5% → 4.8%	2060년 GDP 대비 국가채무 비율: (1) 현상 유지: 81.1% (2) 성장 대응: 64.5% (3) 인구 대응: 79.7%	2070년 GDP 대비 국가채무 비율 (재량지출 시나리오, 인구전망 증위 기준): ① 192.6%, ② 149.9% ③ 119.0% ④ 77.3% 국민연금기금 2043년 적자 전환, 2057년 기금 소진 사학연금기금 2031년 적자 전환, 2045년 기금 소진

제4장

재정추계 모형: 노후소득보장

제1절 국민연금
제2절 기초연금
제3절 생계급여

제4장   재정추계 모형: 노후소득보장

본 장에서는 사회보험인 국민연금, 일반재정 사업인 기초연금과 생계급여를 대상으로 재정추계 모형을 구축한다. 장애인연금과 산재보험 장해급여 등은 제도의 목적이 다르고, 노인일자리 사업[23] 등은 직접적 현금급여가 아니라는 점에서 차이가 있다.

2023년 결산 기준, 국민연금 노령연금 수급자는 554.4만 명, 기초연금은 665.0만 명이고, 생계급여 수급 가구는 120.0만 가구이다. 지출액은 국민연금 34.1조 원, 기초연금 18.5조 원으로 52.6조 원이고, 여기에 생계급여 총 6.0조 원에 고령자 비중 41.3%[24]를 적용한 2.5조 원을 추가하면 55.1조 원이 된다. 노인일자리는 1.5조 원 규모이다.

〈표 4-1〉 고령인구에 대한 주요 사회보장제도: 2023년 결산 기준

(단위: 조 원, 만 명)

유형			노후소득보장		서비스		
			제도	2023년 결산	제도		2023년 결산
사회보험(A)		국민연금	지출액	34.1	-		-
			수급자 수	554.4			
일반재정(B)	공적연금	기초연금	지출액	18.5	노인일자리	지출액	1.5
			수급자 수	665.0			
	공공부조	생계급여	지출액	2.5		수급자 수	92.3
			수급자 수	120.0			
합계(A+B)				55.1			

주: 생계급여는 일반수급 기준 가구 수로 2023년 시설수급자 96,019명은 제외함.
출처: 통계청 주민등록인구 현황 및 국민연금통계(https://kosis.kr/statisticsList/).에서 2024. 11.15. 인출하고, 보건복지부. (2024). 예산 및 기금운용계획 설명자료. 이용하여 저자 작성.

---

23) 고용보험기금 사업 중 '고령자고용안정지원금'(2024년 예산 621.0억 원)이 있으나, 60세 이상을 대상으로 하여 65세 이상 고령인구가 포함될 가능성은 크지 않다.
24) 보건복지부(2024). 국민기초생활보장 수급자 현황을 보면, 2023년 기초생활보장 일반수급자 중 고령자 비중은 41.3%로, 2019년의 35.2%에서 상승하였다.

제1절 국민연금

국민연금 재정추계 모형은 통계청의 국민연금통계(https://kosis.kr/statisticsList/)를 기반으로 하되, 재정추계에 필요한 주요 기초율 정보는 국민연금 제5차 재정계산(국민연금재정추계전문위원회, 2023) 보고서와 국민연금연구원의 신승희 외(2023) 등 보고서에서 차용하였다.

1. 가입자 수 추계

국민연금 가입자 추계는 연금계리에 의한 상향식 방식에서 경제활동인구 추계에 기반한 하향식 방식으로 변화해 왔다. 상향식 방식은 국민연금 1~3차 재정계산, 박유성 외(2014)에서와 같이 매 연도의 성별·연령별·가입 종별·납부 기간별로 가입자 초기값을 두고 이를 바탕으로 축차적으로 차년도에 유지되는 계속가입자들에 신규 가입자를 더하는 방식이다. 하향식 방식은 국민연금 제4~5차 재정계산의 방식으로, 가입 대상인 18~59세 인구 중 경제활동인구를 추계하고 이를 모집단으로 하여 국민연금 가입률 등을 적용하여 가입자를 추계하는 방식이다. 상향식 방식은 가입자를 성별·연령별로 계속·신규 그룹으로 나누고, 각 그룹에서 보험료 납부 0회, 납부 1회 이상 그룹으로 다시 나누는 등으로 세밀한 추계가 가능한 장점은 있으나, 성별·연령별·가입 종별·납부 기간별 등으로 추계를 위한 초기값이 필요하고, 해당하는 미시자료가 없다면 추계 모형을 적용하기 어려운 단점이 있다. 또한 복잡하고 매우 세밀한 모형 구조로 인해 초기값의 영향력이 크게 작용하기 때문에 장기적으로 추계 모형을 안정적으로 운영하기 어려운 문제가 있다.

본 연구에서는 이러한 점을 감안하여 큰 틀에서 국민연금 5차 재정계산(국민연금재정추계전문위원회, 2023) 방식과 같이 경제활동인구 추계를 기반으로 하는 하향식 방식을 통해 국민연금 가입자를 추계하였다. 즉, 인구 모집단을 설정하고 이에 해당하는 경제활동인구를 추계한 후 국민연금 가입률을 적용하여 국민연금 가입자를 추계하는 방법이다. 다만, 본 연구의 추계 방법은 국민연금 가입자(군) 및 수급자(군)의 인별(그룹별) 미시자료가 부재한 한계로 인해 국민연금공단의 최신 기초율 자료 값을 이용하되 평균적 접근이나 추세적 반영 등을 가정하는 방식을 적용한다. 그러므로 국민연금공단의 재정계산이나 국민연금연구원의 추계 방법보다 추계 모형의 구조가 보다 단순화되어 있다. 그런데 추계 모형의 구조나 전망 방법이 복잡할수록 필요한 가정의 수가 많아지게 되고, 이는 전망 오차를 확대시키는 요인이 될 수 있다는 점에서 단순화된 추계 모형이 갖는 장점이 있겠다.

가입자는 크게 당연적용 가입자와 당연적용 제외자로 나뉜다. 당연적용 가입자는 경제활동을 하는 사람 중의 가입자로 사업장가입자와 지역가입자로 구분된다. 당연적용 제외자는 경제활동을 하지 않는 사람 중의 가입자로 임의가입자와 임의계속가입자가 해당된다.

[그림 4-1] 가입자 추계 흐름

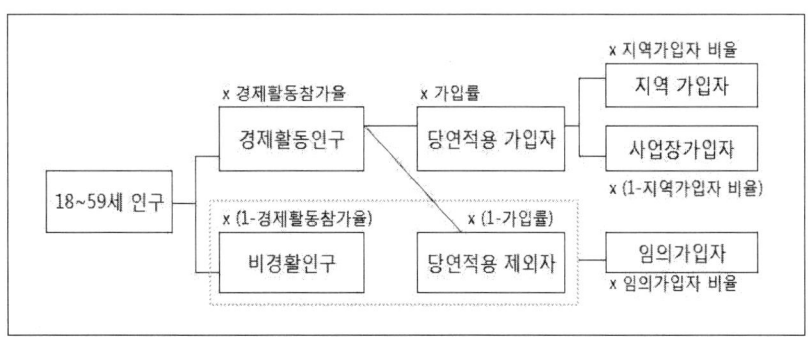

출처: 국민연금재정추계전문위원회. (2023). 국민연금 장기재정추계.

가. 당연적용 가입자 수 추계

당연적용 가입자는 경제활동인구를 대상으로 하여 사업장가입자와 지역가입자로 나뉜다. 사업장가입자는 국민연금에 가입된 사업장의 18세 이상 60세 미만의 사용자 및 근로자로, 시간제 근로자라도 근무 기간이 월 80시간, 1개월 이상이면 대상이다. 지역가입자는 사업장가입자가 아닌 가입자로 자영업이나 프리랜서 등이 속한다.

당연적용 가입자는 인구 모집단 중 경제활동인구를 산정하고, 지역가입자 비율을 적용하여 사업장과 지역가입자를 나눈다. 인구 모집단은 국민연금 제도를 고려하면 18~59세의 인구집단이 되어야 하나 연령별 경제활동참가율의 전망치는 생산가능인구인 15~64세의 자료를 가용할 수 있으므로 인구 모집단도 15~59세로 적용한다.

인구 모집단은 통계청에서 2021년 12월에 공표한 장래인구추계의 중위추계를 활용하였다.[25] 경제활동인구는 인구 모집단에 경제활동참가율을 적용하여 산출하는데, 5차 재정계산의 경제활동참가율 전망치를 활용하였다.

아래 그림은 한국의 2000~2023년 15~59세 연령과 전체 연령의 경제활동참가율이다. 15~59세 연령의 경제활동참가율이 전체에 비해 높으며, 최근으로 올수록 그 격차가 커진다. 2000년 15~59세 연령의 참가율은 65.1%, 전체의 참가율은 61.2%로 3.9%p 차이를 보였다. 그러나 2023년 현재 15~59세 연령의 참가율은 71.9%, 전체의 참가율이 64.3%로 7.6%p 차이를 보여 2000년의 격차에 비해 거의 2배가 증가하였다.

---

25) 2023년 12월에 발표된 통계청 장래인구추계가 최신 자료이나, 본 보고서에서는 거시경제변수에 대한 공신력 있는 장기 전망치를 활용하기 위해 국민연금 제5차 재정계산의 공통 전제인 2021년에 발표된 장래인구추계를 활용하였다.

[그림 4-2] 2000~2023년 경제활동참가율

(단위: %)

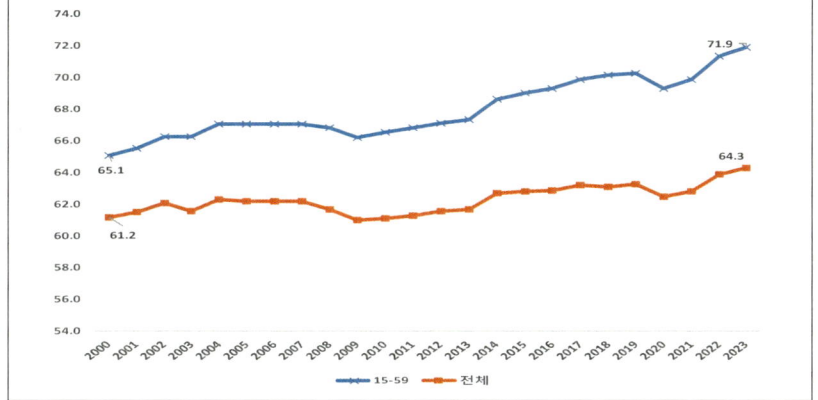

출처: 통계청. https://kosis.kr/statisticsList/에서 2024.8.20. 인출하여 저자 작성

　5차 재정계산 자료에서 경제활동참가율 중 생산가능인구의 전망치는 성별로, 10년 단위로 나뉘어 제공된다. 본 연구에서는 가입자 추계 시 성별을 구분하지 않아 장래인구추계의 성별 인구 비율을 5차 재정계산의 성별 경제활동참가율에 가중치로 적용한다.26) 아래 표는 이렇게 산출한 생산가능인구 경제활동참가율의 전망치이다.

<표 4-2> 생산가능인구 경제활동참가율 전망치

(단위: %)

연도	남자	여자	가중평균
2023	81.0	61.2	71.4
2030	80.9	62.6	72.4
2040	82.6	68.0	75.8
2050	81.0	68.7	75.2

주: 남자와 여자는 5차 재정계산 전망치, 가중평균은 본 연구의 전망치임.
출처: 국민연금공단. (2023). 국민연금재정추계전문위원회. 국민연금재정계산보고서1: 2023국민연금재정계산-국민연금 장기재정추계. p.42. 자료를 활용하여 저자 작성.

---

26) 장래인구추계에서 2024~2050년 성별 인구 비율은 남자 0.52, 여자 0.48이다.

국민연금 당연가입률은 경제활동인구 대비 사업장가입자와 지역가입자 수 합계의 비율이다. 본 연구에서는 5차 재정계산에서 제공된 당연가입률 전망치와 지역가입자 전망치를 활용하였다. 5차 재정계산의 전망치는 국민연금 가입 자격이 있는 18~59세 경제활동인구 연령집단을 대상으로 한다. 본 연구에서는 앞에서 서술한 바와 같이 국민연금 보고서의 경제활동참가율 전망치를 활용할 수 있는 15~59세 경제활동인구 연령집단을 대상으로 하는데, 15~17세 인구 중 경제활동 참여자 비중은 미미할 것이기에 큰 차이는 없을 것으로 판단한다. 전망치를 바탕으로 당연가입자는 다음과 같이 추계하였다.

당연가입자 = 15~59세 인구 × 경제활동참가율 × 당연가입률
지역가입자 = 당연가입자 × 지역가입자 비율
사업장가입자 = 당연가입자 − 지역가입자

〈표 4-3〉 국민연금 당연가입률 및 지역가입자 비율 실적과 전망치

(단위: %)

연도	당연가입률(경활 18~59세)	지역가입자 비율
2015	90.4	39.3
2018	92.6	35.8
2019	92.3	33.8
2020	94.7	32.5
2021	94.5	31.9
2023	92.6	31.6
2025	93.5	31.2
2030	93.8	30.9
2035	93.9	27.9
2040 이후	94.1	25.5

주: 2021년까지 실적치, 그 이후는 전망치임.
출처: 통계청. 국민연금통계(https://kosis.kr/statisticsList/); 국민연금공단. (2023). 국민연금재정추계전문위원회. 국민연금재정계산보고서1: 2023국민연금재정계산-국민연금 장기재정추계. p.47. 자료를 활용하여 저자 작성.

국민연금 당연가입자와 사업장가입자, 지역가입자 수 전망 결과는 다음과 같다.

〈표 4-4〉 당연가입자, 사업장가입자, 지역가입자 전망치

(단위: 명)

연도	당연가입자	사업장가입자	지역가입자
2025	21,006,701	14,515,630	6,491,071
2030	20,093,053	14,487,091	5,605,962
2035	20,093,053	14,038,507	4,805,126
2040	17,649,230	13,484,011	4,165,218
2045	15,916,582	12,160,269	3,756,313
2050	14,855,083	11,349,284	3,505,800

출처: 저자 작성.

나. 임의가입자 수 및 임의계속가입자 수 추계

임의가입자는 사업장가입자와 지역가입자에 속하지 않으나 국민연금에 가입한 사람이다. 따라서 임의가입자는 18~59세 가입 자격 인구 중 당연가입자를 제외한 나머지 인구에 임의가입자 비율을 적용하여 추계하였다.

임의가입자는 당연적용 제외자가 감소함에도 2021년까지 지속적으로 증가하였다. 특히, 2010년에는 9만 명이던 가입자 수가 5년 후인 2015년에는 24만 명을 상회할 정도로 큰 폭으로 증가하였다. 이에 따라 당연적용 제외자 대비 임의가입자 비율은 2021~2022년에 3.8~3.9%에 이르렀다. 본 연구에서는 이와 같은 추세를 반영하여 2025년 임의가입자 비율은 2021~2023년 실적 평균 3.7%를 적용하고, 이후에는 5년마다 0.1%p씩 증가한다고 가정하였다.

〈표 4-5〉 당연적용 제외자, 임의가입자, 임의가입자 비율 실적 및 전망치

(단위: 명, %)

연도	당연적용 제외자	임의가입자	임의가입자 비율
2010	12,822,989	90,222	0.7
2015	11,716,878	240,582	2.1
2020	10,955,847	362,328	3.3
2021	10,234,728	396,632	3.9
2022	9,641,264	365,487	3.8
2023	9,234,077	324,601	3.5
2025	9,097,082	339,062	3.7
2030	8,185,768	311,059	3.8
2035	7,387,800	288,124	3.9
2040	6,391,332	255,653	4.0
2045	5,706,750	233,977	4.1
2050	5,173,245	217,276	4.2

주: 1. 당연적용 제외자는 18~59세 인구에서 당연가입자를 제외하여 산출함.
2. 2023년까지는 실적치이고, 그 이후는 전망치임.
출처: 통계청. 장래인구추계. 국민연금통계(https://kosis.kr/statisticsList/). 2024.8.20. 인출하여 저자 작성.

임의계속가입자는 당연가입자, 임의가입자, 대기자의 합의 비율을 적용하여 추계하였다. 대기자는 과거 국민연금에 가입한 이력이 있으나 연금을 수급하지 않은 자로, 본 연구에서는 국민연금연구원(2022)의 대기자 추정치를 활용하여 전망치를 산출하였다. 국민연금연구원(2022)에 따라 대기자는 당연가입자와 임의가입자 합의 약 39%가 유지되는 것으로 가정하였다.

임의계속가입자 비율 실적은 2010년 0.2%에서 2020년 1.8%까지 상승하고, 2023년까지 동 수준에서 유지되고 있다. 본 연구에서는 임의계속 비율의 상승세를 반영하여 2024년부터 2050년까지 2%를 유지하는 것으로 가정하였다.

<표 4-6> 가입 종별 가입자, 대기자의 비율 실적 및 전망치

(단위: 명, %)

연도	당연가입자 + 임의가입자	대기자	임의계속가입자	임의계속가입자 비율
2010	19,179,494	7,620,000	49,381	0.2
2015	21,349,243	8,060,000	219,111	0.7
2020	21,580,471	8,416,384	526,557	1.8
2021	21,804,466	8,503,742	543,120	1.8
2022	21,996,992	8,578,827	500,827	1.6
2023	21,850,777	8,521,803	534,010	1.8
2025	21,345,763	8,422,445	593,412	2.0
2030	20,404,112	8,061,571	567,234	2.0
2035	19,131,757	7,582,421	531,863	2.0
2040	17,904,883	7,117,465	497,756	2.0
2045	16,150,559	6,404,623	448,986	2.0
2050	15,072,359	5,933,575	419,012	2.0

주: 1. 임의계속가입자는 당연가입자와 임의가입자, 대기자의 합계에 임의계속가입자 비율을 곱하여 산출함.
2. 2023년까지는 실적치이고, 그 이후는 전망치임.
출처: 통계청. 장래인구추계. 국민연금통계(https://kosis.kr/statisticsList/).를 2024.8.20. 인출하고, 국민연금연구원. (2022). 국민연금 장기재정추계모형 2021. 자료를 재인용하여 저자 작성.

다. 총가입자 수 추계

종별 가입자 추계를 합산한 총가입자는 2025년 2,194만 명으로, 이후 지속적으로 감소하여 2050년에는 1,549만 명으로 작아진다. 이는 출산율 하락으로 인한 장래인구 규모의 감소에 기인한다.

〈표 4-7〉 종별 가입자 및 총가입자 전망치

(단위: 명)

연도	사업장가입자	지역가입자	임의가입자	임의계속가입자	총가입자
2025	14,515,630	6,491,071	339,062	593,412	21,939,175
2030	14,487,091	5,605,962	311,059	567,234	20,971,346
2035	14,038,507	4,805,126	288,124	531,863	19,663,620
2040	13,484,011	4,165,218	255,653	497,756	18,402,639
2045	12,160,269	3,756,313	233,977	448,986	16,599,544
2050	11,349,284	3,505,800	217,276	419,012	15,491,372

출처: 저자 작성.

2. 보험료 수입 추계

보험료 수입은 종별 가입자 수 추계치에 1인당 보험료 납부액 추계치를 곱하여 산출한다. 1인당 보험료는 1인당 소득과 밀접한 관련을 갖고 있으므로 이를 활용하였다.

가. 사업장 보험료 수입

2012~2023년 사업장 가입자의 보험료 납부 통계와 1인당 명목GDP를 활용하여 1인당 징수액을 추계하였다. 사업장의 징수율은 98~99% 수준으로 사실상 전액을 징수한다고 볼 수 있으며, 1인당 징수액은 2012년 223만 원에서 2023년 342만 원으로 증가했다. 1인당 명목GDP와 1인당 징수액 간의 비율은 2015년 7.4%에서 2023년 7.8%로 소폭 증가하는 추세이다.

〈표 4-8〉 사업장 보험료 납부 실적

(단위: 백만 원, %)

연도	고지	징수	징수율	1인당 징수액	1인당 GDP 대비 1인당 징수액 비율
2012	26,110,655	25,531,744	97.8	2.23	7.7%
2013	27,912,624	27,335,242	97.9	2.29	7.6%
2014	29,695,900	29,097,196	98.0	2.36	7.6%
2015	31,578,852	31,010,502	98.2	2.42	7.4%
2016	33,730,488	33,156,604	98.3	2.51	7.4%
2017	35,893,231	35,191,202	98.0	2.61	7.3%
2018	38,006,688	37,240,215	98.0	2.70	7.3%
2019	40,571,709	39,779,990	98.0	2.81	7.5%
2022	48,435,455	47,809,011	98.7	3.23	7.6%
2023	51,270,510	50,602,373	98.7	3.42	7.8%

주: 2020, 2021년 통계는 제공되고 있지 않음.
출처: 통계청. 국민연금통계(https://kosis.kr/statisticsList/). 2024.8.20. 인출하여 저자 작성.

위의 분석을 바탕으로 1인당 징수액이 2040년까지 1인당 명목GDP의 9.5%까지 증가한다는 가정을 적용하여 1인당 징수액을 전망하였다. 단, 2041~2050년은 9.5%가 유지되는 것으로 가정한다. 1인당 명목GDP 전망치는 5차 재정계산에서 활용한 1인당 실질GDP 증가율에 GDP디플레이터 증가율을 합산하여 구하였다.

〈표 4-9〉 사업장 보험료 납부 전망

(단위: 백만 명, 백만 원, %)

연도	사업장가입자 수	사업장가입자 1인당 징수액	사업장 납부액
2025	13.9	3.81	52,856,815
2030	13.8	4.85	67,131,578
2035	13.5	6.08	82,340,907
2040	13.1	7.53	98,641,049
2045	11.7	8.76	102,561,698
2050	10.8	10.17	110,175,065

출처: 저자 작성

나. 지역보험료 수입

2012~2023년 지역가입자의 보험료 납부 통계와 1인당 명목GDP를 활용하여 1인당 징수액을 추계하였다. 지역가입자의 징수율은 2012년 66.7%에서 2023년 75%로, 1인당 징수액은 2012년 37만 원에서 2023년 59만 원으로 지속적으로 증가하였다.

1인당 명목GDP와 1인당 징수액 간의 비율을 살펴보면, 2012년 1.3%에서 2023년 1.3%로 동일한 수준을 유지하고 있다.

〈표 4-10〉 지역가입자 보험료 납부 실적

(단위: 백만 원, %)

연도	고지	징수	징수율	1인당 징수액	1인당 GDP 대비 1인당 징수액 비율
2012	4,722,582	3,150,729	66.7	0.37	1.3%
2013	4,829,574	3,157,172	65.4	0.37	1.2%
2014	5,003,464	3,273,150	65.4	0.39	1.3%
2015	4,929,821	3,216,757	65.3	0.39	1.2%
2016	4,941,139	3,330,579	67.4	0.41	1.2%
2017	5,117,667	3,532,952	69.0	0.46	1.3%
2018	5,266,482	3,652,905	69.4	0.48	1.3%
2019	5,295,962	3,666,215	69.2	0.51	1.4%
2022	5,315,690	3,863,608	72.7	0.56	1.3%
2023	5,285,212	3,962,796	75.0	0.59	1.3%

주: 2020, 2021년 통계는 제공되고 있지 않음.
출처: 통계청. 국민연금통계(https://kosis.kr/statisticsList/). 2024.8.20. 인출하여 저자 작성.

지역가입자의 1인당 징수액은 1인당 명목GDP의 1.3%를 유지하는 것으로 가정한다. 아래 표는 추계 결과로, 2025년 약 3.8조 원이 고, 이후 가입자 수는 감소하나 1인당 징수액이 증가하며 2050년 4.7조 원이 된다.

〈표 4-11〉 지역가입자 보험료 납부 전망

(단위: 백만 명, 백만 원, %)

연도	지역가입자 수	지역가입자 1인당 징수액	지역 납부액
2025	6.2	0.62	3,840,916
2030	5.4	0.74	3,973,015
2035	4.6	0.88	4,070,993
2040	4.0	1.03	4,169,616
2045	3.6	1.20	4,335,344
2050	3.3	1.39	4,657,166

출처: 저자 작성.

다. 임의가입자 보험료 수입

2012~2023년의 임의가입자의 보험료 납부 통계와 1인당 명목GDP를 활용하여 1인당 징수액을 추계한다. 임의가입자 징수율은 2012~2023년 모두 99%로 실질적으로 전액 징수된다. 1인당 징수액은 2012년 126만 원에서 2023년 138만 원으로 소폭 증가한다.

1인당 명목GDP와 1인당 징수액 간의 비율을 살펴보면 2012년 4.3%에서 2023년 3.1%로 지속적으로 하락하는 추세이다.

〈표 4-12〉 임의가입자 보험료 납부 실적

(단위: 백만 원, %)

연도	고지	징수	징수율	1인당 징수액	1인당 GDP 대비 1인당 징수액
2012	266,252	261,003	98.0%	1.26	4.3%
2013	254,598	249,722	98.1%	1.41	4.7%
2014	249,647	246,015	98.5%	1.21	3.9%
2015	301,014	296,968	98.7%	1.23	3.8%
2016	368,865	364,407	98.8%	1.23	3.6%
2017	436,251	431,107	98.8%	1.32	3.7%
2018	459,338	454,144	98.9%	1.37	3.7%

연도	고지	징수	징수율	1인당 징수액	1인당 GDP 대비 1인당 징수액
2019	445,675	441,159	99.0%	1.34	3.6%
2022	518,875	513,474	99.0%	1.40	3.3%
2023	453,076	448,471	99.0%	1.38	3.1%

주: 2020, 2021년 통계는 제공되고 있지 않음.
출처: 통계청. 국민연금통계(https://kosis.kr/statisticsList/). 2024.8.20. 인출하여 저자 작성.

임의가입자 1인당 징수액의 2013~2023년 평균 증가율 0.9%가 유지되는 것으로 가정하여 추계한다. 임의가입자의 보험료 납부액은 2025년 약 5,512억 원이 걷히고, 가입자 수 감소와 1인당 징수액의 더딘 증가로 2050년에는 3,829억 원이 걷혀 큰 감소가 예상된다.

〈표 4-13〉 임의가입자 보험료 납부 전망

(단위: 백만 명, 백만 원, %)

연도	임의가입자 수	임의가입자 1인당 징수액	임의 납부액
2025	0.39	1.41	551,276
2030	0.34	1.47	507,465
2035	0.30	1.54	460,365
2040	0.25	1.61	397,893
2045	0.23	1.68	391,498
2050	0.22	1.76	382,951

출처: 저자 작성.

라. 임의계속가입자 보험료 수입

2012~2023년의 임의계속가입자의 보험료 납부 통계와 1인당 명목 GDP를 활용하여 1인당 징수액을 추계한다. 임의계속가입자의 징수율은 2012년 97.7%에서 2023년 98.7%로 실질적으로 전액 징수된다. 1인당 징수액은 2012년 47만 원에서 2023년 155만 원으로 대폭 증가하였다.

1인당 명목GDP와 1인당 징수액 간의 비율을 살펴보면 2013 1.4%에서 2023년 3.5%로 증가하는 추세이다.

〈표 4-14〉 임의계속가입자 보험료 납부 실적

(단위: 백만 원, %)

연도	고지	징수	징수율	1인당 징수액	1인당 GDP 대비 1인당 징수액
2012	42,455	41,494	97.73	0.47	1.6%
2013	50,876	49,592	97.48	0.42	1.4%
2014	71,740	69,754	97.2	0.42	1.3%
2015	257,369	252,629	98.2	1.15	3.5%
2016	328,226	321,765	98.0	1.14	3.3%
2017	433,177	423,051	97.7	1.23	3.4%
2018	586,833	574,322	97.9	1.22	3.3%
2019	727,901	715,507	98.3	1.44	3.8%
2022	846,420	835,938	98.8	1.67	3.9%
2023	839,798	828,504	98.7	1.55	3.5%

주: 2020, 2021년 통계는 제공되고 있지 않음.
출처: 통계청. 국민연금통계(https://kosis.kr/statisticsList/). 2024.8.20. 인출하여 저자 작성.

향후 1인당 명목GDP 대비 임의계속가입자 1인당 징수액이 2012~2023년 평균 2.9%를 유지한다는 가정을 적용하여 지역가입자 1인당 징수액을 전망한다. 임의계속가입자의 보험료 납부액은 2025년 약 7,923억 원에서 2050년 1조 2,528억 원으로 추계된다.

〈표 4-15〉 임의계속가입자 보험료 납부 전망

(단위: 백만 명, 백만 원, %)

연도	임의계속가입자 수	1인당 징수액	임의계속 납부액
2025	0.57	1.39	792,335
2030	0.54	1.67	906,352
2035	0.51	1.97	1,014,594
2040	0.48	2.32	1,120,592
2045	0.43	2.70	1,166,013
2050	0.40	3.13	1,252,763

출처: 저자 작성.

마. 총보험료 수입

아래 표는 위에서 추계한 사업장, 지역, 임의, 임의계속 가입자의 보험료 납부액과 총보험료 납부액이다. 총보험료 수입은 2025년 58.0조 원에서 2040년 104.3조 원으로 100조 원을 상회한 후, 2050년에 116.5조 원으로 증가하는 것으로 추계된다.

〈표 4-16〉 총보험료 수입 추계

(단위: 조 원)

연도	사업장	지역	임의	임의계속	총보험료 수입
2025	52.9	3.8	0.6	0.8	58.0
2030	67.1	4.0	0.5	0.9	72.5
2035	82.3	4.1	0.5	1.0	87.9
2040	98.6	4.2	0.4	1.1	104.3
2045	102.6	4.3	0.4	1.2	108.4
2050	110.2	4.7	0.4	1.3	116.5

출처: 저자 작성.

3. 수급자 수 추계

연금 급여의 유형은 노령연금, 장애연금, 유족연금으로 나뉜다. 노령연금은 가입자가 10년 이상 보험료를 납부하였을 때 수급 개시 연령(2024년 현재 63세) 이후부터 생존하는 동안 받게 되는 급여이다. 장애연금은 가입자 혹은 가입 이력이 있는 자가 질병이나 부상으로 장애를 입게 되면 받는 급여이고, 유족연금은 연금 수급자나 가입 이력이 있는 자의 사망 시 생계 곤란 유족이 받는 급여이다.

가. 노령연금 수급자 수

노령연금 수급은 가입 기간과 연령에 의해 자격이 결정된다. 10년 이상 납입하여야 하는데, 수급 개시 연령은 1998년 국민연금 개혁에 따라 60세에서, 2013년 61세를 시작으로, 2018년 62세, 2023년 63세, 2028년 64세, 2033년 65세로 높아진다. 따라서 노령연금 수급자 수 추계는 장래추계인구에서 수급 개시 연령 이후의 고령인구(이하 '모집단')가 핵심이다.

노령연금 수급자는 2000년에 48만 명에서 2023년 554만 명으로 매우 큰 폭으로 증가하였다. 고령인구 대비 수급자 비율은 2000년 9.2%에서 2023년 49.7%로, 최근 고령인구의 절반가량이 노령연금을 수급하는 것으로 나타난다. 이는 기대수명 증가나 1차 베이비부머 세대의 고령화에 따른 고령인구 급증, 제도 성숙에 따른 수급권자 증가 등의 영향이다.

〈표 4-17〉 노령연금 수급자 실적

(단위: 만 명, %)

연도	노령연금 수급자	5개년 연평균 증가율	고령인구 모집단	고령인구 대비 수급자 비율
2000	48	-	521	9.2
2005	135	23.2	627	21.5
2010	233	11.6	758	30.7
2015	315	6.6	859	36.7
2020	447	6.8	1,028	43.5
2023	554	7.9	1,115	49.7

주: 노인인구는 수급권이 부여되는 연령 기준임.
출처: 통계청. 국민연금통계(https://kosis.kr/statisticsList/).를 2024.8.20. 인출하여 저자 작성

2024~2050년 노령연금 수급자는 모집단 대비 수급자 비율을 적용하여 추계하였다. 노령연금의 제도적 성숙이 진행된 최근 10년의 수급자 비율을 보면, 2013년 35.8%에서 2023년 49.7%로, 연평균 1.4%p 비율로

증가하였다. 2024~2050년 고령인구 대비 수급자 비율은 국민연금 5차 재정계산 보고서(2023, p.58)에서 차용하였다. 본 연구에서 연금통계에서 산출되는 2013~2023년 연평균 1.4%p 대신 국민연금의 자료 값을 적용한 이유는 연금 급여에서 비중이 큰 노령연금 수급자는 가입 이력에 기반한 신규 수급자, 기존 수급자 사망률, 수급 대상 고령인구 수 등의 영향을 복합적으로 받는데, 국민연금의 자료가 이러한 정보를 가장 잘 반영한 것으로 판단했기 때문이다.

국민연금 재정계산 보고서(2023)[27])에는 5년 단위로 노령연금 수급자 수 추계치가 제시되어 있어, 본 연구에서는 자료 값이 제시된 연도의 모집단 대비 수급자 비율을 구하고, 기간 중 연평균 증감분을 구하여, 이를 매 연도에 더하는 방식으로 수급자 수를 구하였다. 이때 모집단은 통계청 장래인구추계(2021)에 기반하되, 국민연금 수급 개시 연령 상향계획(2024~2025년 63세, 2028년 64세, 2033년 55세)을 반영하여 산출하였다. 국민연금 5차 재정계산에 따르면, 2024~2045년까지 모집단 대비 수급자 비율은 연평균 1.1~1.3%p 증가하나, 2045~2050년에는 0.8%p로 증가세가 작아진다. 다만, 국민연금 5차 재정계산은 2023년 실적치 집계 이전에 진행되어 2023년 노령연금 수급자가 실제 수급자 554.4만 명 대비 작은 수치인 527.0만 명으로 반영되었다. 본 연구에서는 2023년 실적치에 상술한 국민연금 재정계산(2023)의 수급자 비율을 적용하여 노령연금 수급자 수를 구하였다.

---

27) 신승희 외(2023)에서와 동일한 값이다.

<표 4-18> 노령연금 수급자 추계

(단위: 만 명, %)

연도	고령인구	고령인구 대비 수급자 비율	노령연금 수급자 수
2025	1,229	52.1	640
2030	1,386	57.4	795
2035	1,529	64.0	979
2040	1,724	69.7	1,202
2045	1,833	75.6	1,386
2050	1,900	79.6	1,513

주: 고령인구는 수급 개시 연령 기준임.
출처: 저자 작성.

　노령연금 급여 지출은 수급자 유형별로 일반 노령연금 외에 조기, 특례, 분할 연금으로 구분된다. 상세 통계가 제공되는 2012년 이후로 보면, 20년 이상 및 10~19년 가입한 수급자의 비중이 상승세로, 2012년 29.5%에서 2023년 61.0%로 높아졌다. 조기 수급자도 32.3만 명에서 86.7만 명으로 증가해 비중은 11.8%에서 15.6%로 높아졌다. 특례는 한시적 제도로 1950년생 이상에서는 적용 대상이 없으므로 수급자가 지속적으로 감소하며 비중은 58.4%에서 21.9%로 낮아졌고, 분할 수급자는 증가하기는 했으나 비중이 1%대로 미미하다.

〈표 4-19〉 노령연금 유형별 수급자 추이

(단위: 만 명, %)

연도	20년 이상	10~19년	조기	특례	분할	합계
2012	12.2 (4.4)	68.9 (25.1)	32.3 (11.8)	160.6 (58.4)	0.8 (0.3)	274.8 (100.0)
2015	18.5 (5.9)	94.6 (30.0)	48.0 (15.2)	152.5 (48.4)	1.5 (0.5)	315.1 (100.0)
2020	57.9 (13.0)	181.8 (40.7)	67.4 (15.1)	135.3 (30.3)	4.3 (1.0)	446.8 (100.0)
2021	74.8 (15.3)	206.4 (42.2)	71.4 (14.6)	131.2 (26.8)	5.4 (1.1)	489.4 (100.0)
2022	95.8 (17.8)	233.5 (13.3)	76.5 (14.2)	126.9 (23.5)	6.9 (1.3)	539.7 (100.0)
2023	98.4 (17.7)	239.9 (43.3)	86.7 (15.6)	121.7 (21.9)	7.7 (1.4)	554.4 (100.0)

주: ( )는 노령연금 합계 수급자 중 유형별 비율 값임.
출처: 통계청. 국민연금통계. https://kosis.kr/statisticsList/에서 2024.10.20. 인출하여 저자 작성

10년 이상 수급자와 조기 수급자는 비중이 크며 향후에도 지속적으로 증가할 것으로 예상된다. 따라서 두 종별은 기존에 연금을 수급하던 계속 수급자와 새롭게 가입 대상이 된 신규 수급자를 구분하여 추계하였다. 이는 연금제도상 계속 수급자는 기존 연금 수급액에 인플레이션을 반영하여 수급액이 조정되는 반면, 신규 수급자는 연금 수급 개시 시점의 기본 연금액이 중요하기 때문이다.

노령연금 신규 수급자 추계는 신승희 외(2021)의 자료를 이용하였다. 단, 동 자료는 2025년 이후 5년 단위로만 제공되어, 앞의 노령연금 전체 수급자 추계와 동일한 방식으로 기간 내 증가 추이를 반영하여 연도별로 배분하였다. 단, 수급 개시 연령이 상향되는 2028년과 2033년은 과거 2013년과 2018년 수급 개시 연령 상향 시 추이를 반영하여 전년 대비 평균 40%의 신규자가 발생하는 것으로 하였다.

다음으로 신승희·류재린·손현섭(2021)에서 신규 수급자 추계는 총계

로만 제시되어 있어, 과거 실적치에 근거하여 신규 수급자를 10년 이상 가입과 조기로 구분하였다. 본 연구에서는 신승희·류재린·손현섭(2021)의 유형별 신규 수급자 실적 중에서 2014년 이후 신규자가 없는 특례를 제외하고 노령과 재직의 합을 10년 이상 가입으로 하고, 신규 수급자 추계치에 2015~2020년 평균 비중(수급 개시 연령이 상향되는 2018년 제외) 87%를 적용하였다. 조기는 나머지 13%를 적용하여 산출하였다.

〈표 4-20〉 노령연금 유형별 신규 수급자 추계

(단위: 만 명)

연도	신규 수급자	10년 이상(노령+재직)	조기
2025	53.6	46.4	7.2
2030	55.0	47.6	7.4
2035	60.0	51.9	8.1
2040	57.3	57.3	8.9
2045	66.2	54.2	8.4
2050	59.0	51.1	7.9

주: 2025년, 2030년, 2040년, 2050년 노령연금 신규 수급자는 신승희 외(2021)의 자료를 원용, 나머지 연도별 신규 수급자와 유형별 신규 수급자는 저자가 산출함.
출처: 신승희 외(2021)의 자료를 이용하여 저자 작성.

특례 수급자는 2019~2023년 수급자 평균 감소율 3%를 반영하고, 분할 수급자는 노령연금 수급자 대비 비율이 증가 추세에 있어 2023년의 1.4%가 유지되는 것으로 가정하였다. 그러면 노령연금 수급자 중 계속 수급자는 전체 노령 수급자 추계에서 신규 수급자, 특례 및 분할 수급자를 제외하여 추계하였다. 계속 수급자 중 10년 이상 수급자는 2015~2020년 평균 비중을 적용하여 신규의 87%로 가정하였다.

〈표 4-21〉 노령연금 유형별 수급자 추계

(단위: 만 명)

연도	수급자	신규		계속		특례	분할
		10년 이상	조기	10년 이상	조기		
2025	640	46.4	7.2	401.0	62.2	114.5	9.0
2030	795	47.6	7.4	545.9	84.7	98.3	11.1
2035	979	51.9	8.1	710.6	110.2	84.4	13.7
2040	1,202	57.3	8.9	906.3	140.6	72.5	16.8
2045	1,386	54.2	8.4	1,075.3	166.8	62.2	19.4
2050	1,513	51.1	7.9	1,194.3	185.3	53.4	21.2

출처: 저자 작성.

나. 장애연금 수급자 수

장애연금 수급자는 가입자를 기준으로 장애가 발생한 자에게 지급한다. 장애연금 수급자는 2000년 2.2만 명에서 2010년 7.6만 명으로 대폭 증가하였으나 이후 2023년까지는 큰 변동 없이 정체에 있다. 이 사이 가입자 수는 증가하였고, 가입자 대비 장애연금 수급자 비율은 2000년 0.1%에서 2010년 0.4%로 상승한 후 유지되고 있다.

국민연금 제5차 재정계산 보고서(p.58)에서 가입자 대비 장애연금 수급자 비율은 2023년 0.43%에서 2050년 1.05%까지 증가하였다. 이는 2017~2019년 3개년의 장애 발생률을 활용한 장애연금 신규 수급자 추계와 통계청 장래인구추계(2021) 사망률을 적용한 계속 수급자 추계에 기초한다(pp.26-27). 그런데 국민연금 가입자와 장애연금 수급자 실적에서 동 비율은 2000년 0.14%에서 2009년 0.4%로 상승한 후 하락해 2015년 이후 최근까지 0.35% 수준에 있는 것으로 나타난다. 본 연구에서는 동 비율을 2024년 0.35%에서 2040년까지 매년 0.01%p씩 상승한 후 2040년 0.51% 수준에서 유지되는 것으로 가정하였다.

<표 4-22> 장애연금 수급자 실적

(단위: 만 명, %)

연도	장애연금 수급자	5개년 연평균 증가율	가입자	가입자 대비 수급자 비율
2000	2.2		1,621	0.1
2005	4.7	20.0	1,712	0.3
2010	7.6	7.0	1,923	0.4
2015	7.6	-0.2	2,157	0.4
2020	7.8	0.6	2,211	0.4
2023	7.6	-0.1	2,238	0.4

출처: 통계청. 국민연금통계(https://kosis.kr/statisticsList/).를 2024.8.20. 인출하여 저자 작성

본 연구는 장애연금 수급자가 2025년 7.5만 명에서 증가해, 2040년에 9.0만 명으로 증가하고, 그 후 가입자 수 감소세가 반영되어 2050년에 7.5만 명이 될 것으로 추계하였다.

[그림 4-3] 2000~2023년 가입자 대비 장애연금 수급자 비율 추이

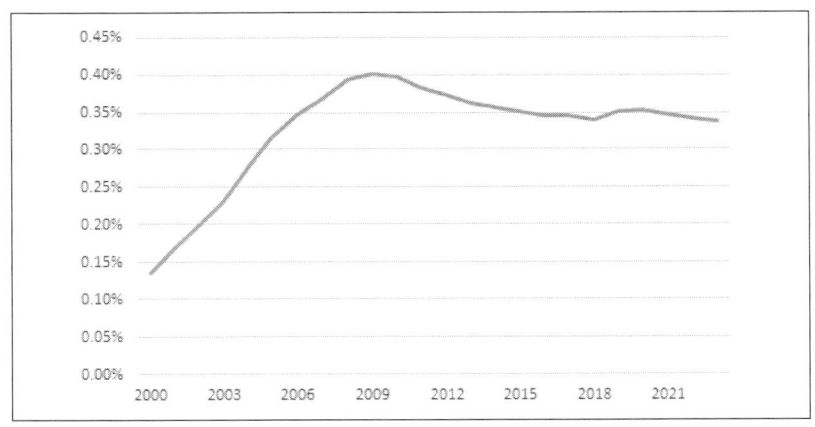

출처: 통계청. 국민연금통계. https://kosis.kr/statisticsList/에서 2024.10.20. 인출하여 저자 작성

〈표 4-23〉 장애연금 수급자 전망

(단위: 만 명, %)

연도	가입자 전망	가입자 대비 수급자 비율 전망	장애연금 수급자 전망
2025	2,220	0.35	7.5
2030	2,125	0.36	8.2
2035	1,998	0.46	8.7
2040	1,876	0.51	9.0
2045	1,688	0.51	8.1
2050	1,564	0.51	7.5

출처: 저자 작성.

다. 유족연금 수급자 수

유족연금은 가입 이력이 있는 자와 수급자 사망 시 그 유족에게 지급되는 급여이다. 따라서 유족연금은 가입자와 수급자가 그 대상이 된다. 유족연금 수급자는 제도 성숙 등에 따라 2000년 11.9만 명에서 2023년 100.7만 명으로 대폭 증가했으며, 가입자 및 수급자 대비 유족연금 수급자 비율은 0.7%에서 3.6%로 상승하였다.

〈표 4-24〉 유족연금 수급자 실적

(단위: 만 명, %)

연도	노령연금 수급자	5개년 연평균 증가율	가입자+노령연금+장애연금 수급자	가입자 및 수급자 대비 수급자 비율
2000	11.9		1,671	0.7
2005	24.8	16.0	1,853	1.3
2010	41.4	10.8	2,164	1.9
2015	60.5	7.9	2,480	2.4
2020	84.2	6.8	2,665	3.2
2023	100.7	6.2	2,800	3.6

출처: 통계청. 국민연금통계. https://kosis.kr/statisticsList/에서 2024.10.20. 인출하여 저자 작성

향후 고령화와 국민연금제도의 성숙 등으로 유족연금 수급자는 증가할 것으로 예상할 수 있다. 가입자 대비 수급자 비율은 최근 10년을 고려할 때, 매년 0.13%p씩 상승하였다. 본 연구에서는 이와 같은 추세가 2040년까지 진행되고, 2041년부터는 안정화된다고 가정하였다. 미래 가입자와 노령 및 장애연금 수급자 수는 앞에서 수행한 전망과 연계하여 이를 활용하였다. 그 결과, 유족연금 수급자는 2025년 106만 명에서 2040년에 172만 명으로 증가한 후, 2050년에 172만 명이 유지되는 것으로 추계된다.

〈표 4-25〉 유족연금 수급자 전망

(단위: 만 명, %)

연도	가입자+노령+장애연금 수급자 전망	가입자 대비 수급자 비율 전망	유족연금 수급자 전망
2025	2,754	3.8	106
2030	2,811	4.5	126
2035	2,888	5.1	147
2040	2,999	5.7	172
2045	2,993	5.7	172
2050	3,000	5.7	172

출처: 저자 작성.

4. 연금 급여 지출 전망

국민연금 지출은 급여 유형별로 연금 지출과 일시금 지출로 구분되고, 연금은 노령연금, 장애연금, 유족연금, 일시금은 장애일시금, 반환일시금, 사망일시금으로 구분된다.

가. 노령연금 급여 지출

노령연금 급여액은 20년 이상 가입 및 10~19년 가입 급여액 비중이 상승세로 2012년 42.9%에서 2023년 70.6%로 높아졌다. 조기 급여액 비중은 2015년까지 상승했으나 이후 하락해 2023년 18.7%에 있다. 특례 급여액은 감소세를 보이며 비중은 2012년 40.3%에서 지속적으로 하락해 2023년 10.0%에 있다. 분할 급여액은 노령연금 추이에 따라 증가해 왔으나, 비중은 1% 미만으로 미미하다.

〈표 4-26〉 노령연금 유형별 급여액 추이

(단위: 조 원, %)

연도	20년 이상	10~19년	조기	특례	분할	합계
2012	1.0 (10.5)	3.0 (32.4)	1.6 (16.7)	3.8 (40.3)	0.01 (0.15)	9.3 (100.0)
2015	1.2 (13.6)	4.2 (34.0)	2.7 (21.9)	3.8 (30.3)	0.03 (0.23)	12.4 (100.0)
2020	2.2 (26.3)	8.1 (37.2)	4.4 (20.0)	3.5 (16.1)	0.10 (0.45)	21.8 (100.0)
2021	2.5 (30.1)	9.2 (36.7)	4.8 (19.0)	3.4 (13.6)	0.13 (0.51)	25.1 (100.0)
2022	2.9 (34.2)	10.6 (35.9)	5.3 (17.9)	3.4 (11.4)	0.17 (0.58)	29.5 (100.0)
2023	3.4 (35.7)	11.9 (34.9)	6.4 (18.7)	3.4 (10.0)	0.22 (0.63)	34.1 (100.0)

주: ( )는 노령연금 합계 급여액 중 유형별 비율 값임.
출처: 통계청. 국민연금통계. https://kosis.kr/statisticsList/에서 2024.10.20. 인출하여 저자 작성

노령연금 지출 중 10년 이상 가입(20년 이상과 10~19년의 합[28])과 조기는 조성법에 근거하여 추계하므로 1인당 평균 수급액을 산출하는 방식

---

[28] 가입 이력에 대한 미시자료가 없는 상태에서 향후 20년 이상 가입과 10~19년 가입을 구분하여 추계하기 어렵고, 2023년 기준 노령연금 10년 이상 가입 중 20년 이상 수급자 비중은 29.1%, 급여액 비중은 50.5%로 높고 증가세에 있는 점을 감안하여, 본 연구에서는 가입 기간을 상세하게 구분하지 않았다.

으로 추계한다. 특례29)는 감소 추세를 반영하고, 비중이 크지 않은 분할은 총급여액 대비 일정 비율이 유지되는 것으로 하여 급여액을 추계한다.

앞의 수급자 분석에서 설명한 바와 같이, 10년 이상 가입 및 조기는 신규와 계속으로 분리하여 추계하였다. 우선 10년 이상 계속 수급자의 1인당 수급액은 통계청 국민연금통계를 이용해 구한 2023년 실적치에 물가상승률과 전년도 신규자의 기준연금액 상승에 따른 추가 상승률을 반영하여 추계하였다. 추가 상승률은 1차 베이비부머 세대의 연금 수급이 시작된 2016년부터 최근 2023년까지의 실적치에서 구한 평균값(1.9%)이 추계 기간에 유지되는 것으로 하였다. 동일한 방식으로 조기 계속 수급자의 1인당 수급액도 2023년 실적치를 기준으로 물가상승률과 추가 상승률(1.3%)을 반영하여 추계하였다.

신규 수급자의 1인당 평균 급여액은 2023년 실적치를 기준으로 전년 대비 증가율을 적용하는 방식으로 추계하였다. 2023년 실적치는 국민연금공단의 월 단위 통계를30) 이용해 산출하고, 국민연금통계의 2021~2023년 상대 비중(48:52)을 적용하여 10년 이상 수급자 1인당 수급액과 조기 수급자 1인당 수급액을 산출하였다. 신규 수급자 1인당 평균 급여액의 전년 대비 증가율은 국민연금공단의 월 단위 통계치를 이용해 2019~2023년 연평균 증가율(4.87%)을 구하고, 기준연금액의 결정 원리를 반영하기 위해 동 수치와 직전 20년간 평균 명목임금 상승률과 평균 가입 기간의 함수관계를 추정하여, 추계 연도별 명목임금 상승률 전망치와 평균 가입 기간 추계치를 반영하여 추정하였다. 노령연금 신규 수급자의 평균 가입 기간 추계치는 언론 보도자료(연합뉴스, 2024.9.26.)에 인

---

29) 한시적 제도로 1950년생 이상에서는 적용 대상이 없어 2014년 이후에는 신규 특례자가 발생하고 있지 않다.
30) https://www.nps.or.kr/jsppage/info/resources/info_resources_03_01.jsp?cmsId=statistics_month

용된 국민연금공단 내부 자료 값이다.

특례 및 분할 수급자의 1인당 평균 수급액은 2019~2023년 평균 증가율인 2.0%, 4.9%를 2040년까지 적용하고, 20년 후인 2041년부터는 증가율이 높았던 2023년 효과를 제거한 1.2%와 2.9%를 적용하였다.

노령연금 지출은 수급자 수와 1인당 수급액의 곱으로 산출하여 2025년 44.1조 원이고, 이후 지속적으로 증가하여 2035년에 104.7조 원이 되어 100조 원을 상회하고, 2050년에는 294.9조 원으로 300조 원에 근접할 것으로 추계된다.

〈표 4-27〉 노령연금 유형별 1인당 급여액 추계

(단위: 천 원)

연도	신규		계속		특례	분할
	10년 이상	조기	10년 이상	조기		
2025	8.854	9.535	7.687	7.862	2.909	3.094
2030	11.230	11.765	9.332	9.254	3.207	3.930
2035	14.244	14.557	11.329	10.894	3.536	4.992
2040	18.067	18.155	13.755	12.824	3.898	6.341
2045	22.108	22.698	16.699	15.095	4.132	7.326
2050	26.093	28.226	20.273	17.769	4.379	8.464

출처: 저자 작성.

〈표 4-28〉 노령연금 급여액 추계

(단위: 조 원)

연도	신규		계속		특례	분할	합계
	10년 이상	조기	10년 이상	조기			
2025	4.1	0.7	30.8	4.9	3.3	0.3	44.1
2030	5.3	0.9	50.9	7.8	3.1	0.4	68.6
2035	7.4	1.2	80.5	12.0	3.0	0.7	104.7
2040	10.3	1.6	124.7	18.0	2.8	1.1	158.5
2045	12.0	1.9	179.6	25.2	2.6	1.4	222.7
2050	13.5	2.2	242.1	32.9	2.3	1.8	294.9

출처: 저자 작성.

나. 장애 및 유족 연금 급여 지출

장애연금의 급여 지출 추계는 장애연금 1인당 지출액을 전망하여 장애연금 수급자 추계치를 곱하여 계산한다. 장애연금 1인당 지출액은 노령연금 1인당 수급액 대비 장애연금 1인당 수급액 비율을 적용하여 추계한다. 장애연금 1인당 수급액은 2000년 320만 원에서 2023년 551만 원으로 증가하였다. 그러나 1인당 노령연금 수급액 대비로는 2000년 2.37배에서 2023년에 0.90배로 작아졌다.

〈표 4-29〉 장애연금 급여 지출 실적

(단위: 만 원, 배)

연도	장애연금 1인당 수급액 (A)	노령연금 1인당 수급액 (B)	수급액 비 (A/B)
2000	320	135	2.37
2005	356	188	1.90
2010	388	294	1.32
2015	445	394	1.13
2020	491	488	1.00
2023	551	615	0.90

출처: 통계청. 국민연금통계. https://kosis.kr/statisticsList/에서 2024.10.20. 인출하여 저자 작성

본 연구에서는 노령연금 1인당 수급액 대비 장애연금 1인당 수급액의 비가 하락 추세에 있었음을 감안하여, 2024년 비는 2019~2023년의 평균 0.027 감소를 반영해 0.87로 하고, 매년 0.01만큼 추가 감소하여 2032년 0.7에 도달한 후, 동 수준이 유지되는 것으로 가정하였다. 이에 따라 2025년 장애연금 급여 지출액은 약 4,360억 원이 되고, 이후 지속적으로 증가하여 2050년 1조 215억 원가량이 될 것으로 추계된다.

유족연금 급여액도 유족연금 1인당 수급액을 전망한 후, 유족연금 수급자 전망을 곱하여 계산하였다. 유족연금 급여 지출은 노령연금 1인당

수급액 대비 유족연금 1인당 수급액 비율을 활용하여 추계하였다. 유족연금의 1인당 수급액은 2000년 171만 원에서 2023년 323만 원으로 증가하였다. 그러나 1인당 노령연금 수급액 대비로는 2000년 1.27배에서 2023년 0.53배로 작아졌다.

〈표 4-30〉 장애연금 급여 지출 전망

(단위: 만 원, 만 명)

연도	장애연금 1인당 지출액	수급자 수	장애연금 급여 지출액
2025	581	8.9	43,600,437
2030	629	10.6	51,275,085
2035	749	12.0	64,891,642
2040	923	13.1	83,492,921
2045	1,124	13.5	90,934,457
2050	1,364	12.5	102,154,873

출처: 저자 작성.

〈표 4-31〉 유족연금 급여 지출 실적

(단위: 만 원, %)

연도	유족연금 1인당 수급액 (A)	노령연금 1인당 수급액 (B)	수급액 비 (A/B)
2000	171	135	1.27
2005	196	188	1.04
2010	229	294	0.78
2015	263	394	0.67
2020	289	488	0.59
2023	323	615	0.53

출처: 통계청. 국민연금통계. https://kosis.kr/statisticsList/에서 2024.10.20. 인출하여 저자 작성

본 연구에서는 노령연금 1인당 수급액 대비 유족연금 1인당 수급액의 비가 하락 추세에 있었음을 감안하여, 2024년 비는 2019~2023년 평균 0.015 감소를 반영해 0.51로 하고, 매년 0.01만큼 추가 감소하여 2040년 이후 0.4에서 유지되는 것으로 가정하였다. 이에 따라 2025년 유족연

금 급여는 3.6조 원으로 추계되고, 이후 지속적으로 증가하여 2050년에 13.4조 원이 될 것으로 추계되었다.

〈표 4-32〉 유족연금 급여 지출 전망

(단위: 만 원, 만 명)

연도	유족연금 1인당 지출액	수급자 수	유족연금 급여 지출액
2025	363	111	362,635,277
2030	435	133	479,707,583
2035	514	155	649,936,590
2040	604	181	907,847,771
2045	703	179	1,103,627,401
2050	816	178	1,342,529,210

출처: 저자 작성.

다. 총급여 지출 전망

국민연금 총급여는 연금 급여 지출액에 3종 일시금(장애, 반환, 사망) 지출액을 합하여 추계하였다. 장애일시금은 장애연금의 12%, 반환일시금은 연금 급여(노령+장애+유족)의 4%, 사망일시금은 유족연금의 3%가 유지되는 것으로 하여 추계하였다.

이에 따라 3개 연금(노령·장애·유족)의 급여 지출과 3개 일시금(장애·반환·사망)의 급여 지출을 합한 총급여 지출은 2025년 50.3조 원에서 2050년에 322.2조 원으로 증가할 것으로 추계되었다.

⟨표 4-33⟩ 연금 급여 총지출 전망

(단위: 조 원)

연도	연금(A)				일시금(B)				총급여 (A+B)
	노령	장애	유족	소계	장애	반환	사망	소계	
2025	44.1	0.4	3.6	48.2	0.05	1.9	0.11	2.1	50.3
2030	68.6	0.5	4.8	73.9	0.06	3.0	0.14	3.2	77.0
2035	104.7	0.6	6.5	111.9	0.08	4.5	0.19	4.7	116.6
2040	158.5	0.8	9.1	168.4	0.10	6.7	0.27	7.1	175.5
2045	222.7	0.9	11.0	234.6	0.11	9.4	0.33	9.8	244.4
2050	294.9	1.0	13.4	309.3	0.12	12.4	0.40	12.9	322.2

출처: 저자 작성.

5. 추계 비교: 국민연금공단(2023), 국회예산정책처(2020)

본 연구의 국민연금 수입 추계 결과는 국민연금공단의 제5차 재정추계(2023)와 비교하면 대체로 작고, 국회예산정책처(2020)와 비교하면 크다. 국민연금 지출 추계 결과는 국민연금공단(2023) 대비 소폭 큰 반면, 국회예산정책처(2020) 대비 크다.

⟨표 4-34⟩ 국민연금 재정추계 비교: 국민연금공단(2023), 국회예산정책처(2020)

(단위: 조 원, %)

연도	연금 수입			연금 지출		
	본 연구	국민연금공단	국회예산정책처	본 연구	국민연금공단	국회예산정책처
2025	58.0	63.3(8.4)	-	50.3	49.5(1.5)	-
2030	72.5	76.0(4.6)	69.8(-3.9)	77.0	78.2(-1.4)	73.0(5.5)
2035	87.9	89.1(1.4)	-	116.6	117.0(-0.3)	-
2040	104.3	103.5(-0.8)	91.1(-14.5)	175.5	175.3(0.2)	155.0(13.3)
2045	108.5	114.0(4.9)	-	244.4	244.5(0.0)	-
2050	116.5	126.0(7.6)	107.0(-8.8)	322.2	321.4(0.3)	275.3(17.0)

출처: 저자 작성.

제2절 기초연금

1. 제도의 개요 및 현황

　기초연금은 노인수당(1991년), 경로연금(1998년), 기초노령연금(2008년)에서 이어지는 공적 노후소득보장 제도로, 2014년에 소득 하위 70% 노인을 대상으로 하여 부부 감액(각자 20%), 소득 역전 방지 감액, 국민연금 연계 감액이 적용되는 것으로 도입되었다. 기초연금은 「기초연금법」에 따라, 65세 이상 노인 중 개인의 소득과 재산 수준을 바탕으로 산정된 소득인정액이 선정 기준액 이하인 경우에 급여를 지급한다. 소득인정액에는 상시근로소득뿐만 아니라, 사업소득, 공적이전소득, 무료임차소득, 재산소득이 포함되고, 선정 기준액은 노인의 70% 수준이 되는 소득금액으로 전년도 12월 31일까지 고시된다.

〈표 4-35〉 기초연금의 소득인정액 산정 기준: 2024년 기준

```
소득인정액 = 소득평가액¹⁾ + 재산의 소득환산액²⁾

1) 소득평가액 = {0.7×(근로소득-110만 원)}*+기타소득**
    *  상시근로소득에서 110만 원 공제 후 30% 추가 공제
   ** 기타소득: 사업소득, 공적이전소득, 무료임차소득, 재산소득

2) 재산의 소득환산액 =[{(일반재산-기본재산액)+(금융재산-2,000만 원)-부채}
                    ×재산의 소득환산율(연 4%)÷12월]+P*
    * P: 고급 자동차(4,000만 원 이상) 및 회원권의 가액
```

출처: 보건복지부. (2024). 2024년 기초연금 사업안내.

　기초연금액은 기준연금액을 바탕으로 산정되는데, 감액제도가 적용됨에 따라 기초연금 수급권자가 수급할 수 있는 월 최대 급여액이 된다. 기준연금액은 매년 전년도 기준연금액에 소비자물가 상승률이 반영되어 정

해진다. 「기초연금법」에 따르면, 5년마다 기초연금액의 적정성을 평가하게 되어 있으나 구체적인 법 규정은 미비한 상태이다. 다만, 2014년 20만 원으로 시작된 기준연금액은 2018년과 2021년[31] 두 차례에 걸쳐 「기초연금법」이 개정되며 큰 폭으로 상향 조정된 바 있다.

〈표 4-36〉 기초연금의 기준연금액: 2014년 7월~2024년

(단위: 원)

2014.7~ 2015.3	2015.4~ 2016.3	2016.4~ 2017.3	2017.4~ 2018.3	2018.4~ 2018.8	2018.9~ 2019.3
200,000	202,600	204,010	206,050	209,960	250,000
2019.4~ 2019.12	2020	2021	2022	2023	2024
253,750 300,000	254,760 300,000	300,000	307,500	323,180	334,810

주: 기준연금액 적용 기간은 2014년부터 2019년 3월까지 「국민연금법」을 준용하여 당해 연도 4월 1일부터 차년도 3월 31일까지 적용하였으나, 「기초연금법」이 개정됨에 따라 2020년 이후 조정 연도 1월부터 12월까지 적용함.
출처: 보건복지부. 기초연금 사업안내. (각 연도).

기초연금 수급자 수는 2018년 513만 명에서 2023년 651만 명으로 증가하였고, 국민연금 수급 또는 소득 역전 방지에 따른 감액 수급자 수도 같은 기간 45만 명에서 75만 명으로 증가하였다.

기초연금의 평균 연금액은 2018년 22만 2,786원에서 올라 2023년에 28만 4,804원으로 상승하였다.

---

[31] 기초연금 수급자의 소득 범위별로 2019년 4월 소득 하위 20%, 2020년 1월 소득 하위 20~40%, 2021년 1월 소득 하위 40~70%로 3년에 걸쳐 단계적으로 상향되었다.

<표 4-37> 기초연금 수급자 수 현황: 2018~2023년

(단위: 천 명)

		2018	2019	2020	2021	2022	2023
65세 이상 노인인구 수		7,639	8,014	8,482	8,835	9,250	9,711
전체 수급자 수		5,126	5,346	5,660	5,973	6,239	6,509
전액 수급자	단독, 부부 1인	2,787	2,734	2,882	3,135	3,232	3,316
	부부 2인[1]	1,892	1,877	1,995	2,243	2,342	2,444
감액 수급자		447	734	783	595	664	748

주: 각 연도별 12월 말 기준임.
  1) '부부 2인'은 부부 2인 수급에 따라 각각 20%씩 감액된 기초연금액을 수급하는 가구 중 국민연금 수급 또는 소득 역전 방지에 따른 감액 대상이 아닌 수급 가구 유형을 의미함.
출처: 보건복지부. (2024). 2023년 통계로 본 기초연금. 이용하여 저자 작성.

<표 4-38> 기초연금 평균 연금액 현황: 2018~2023년

(단위: 원)

		2018	2019	2020	2021	2022	2023
전체 수급자 평균 연금액		222,786	236,850	249,193	265,571	271,852	284,804
전액 수급자	단독, 부부 1인	250,000	272,730	288,292	300,000	307,500	323,180
	부부 2인	200,000	207,273	221,087	240,000	246,000	258,540
감액 수급자		147,538	178,881	176,946	180,611	189,543	200,499

주: 각 연도별 12월 말 기준
출처: 보건복지부. (2024). 2023년 통계로 본 기초연금. 이용하여 저자 작성.

노인인구 수 증가에 따른 기초연금 수급자 수 증가와 법 개정에 따른 기준연금액이 상향되어서 기초연금 급여 예산(국비)은 2020년 13조 1,744억 원에서 2024년 20조 2,015억 원으로 대폭 증가하였다.

<표 4-39> 기초연금 급여 지출 예산 추이: 2020~2024년

(단위: 백만 원)

	2020	2021	2022	2023	2024
기초연금	13,174,399	14,961,336	16,289,504	18,530,432	20,201,456

주: 국비 기준
출처: 보건복지부 내부 자료. (각 연도). 보건복지부.

2. 기초연금 재정추계

가. 기초 변수

기초연금 재정추계에 필요한 변수는 65세 이상 노인인구 수와 감액제도 반영을 위한 국민연금 동시 수급자 비중, 부부가구 및 부부 2인 가구 비중, 동시 수급 감액 인원 및 급여액 비율, 국민연금 A급여액 및 적정성 반영 비율이다.

〈표 4-40〉 기초연금 재정추계 기초 변수

구분	기초 변수
인구변수	• 65세 이상 노인인구 수 • 부부 2인 가구 비율
수급변수	• 국민연금 동시 수급자 비중 • 동시 수급 감액 인원 및 급여액 비율
제도변수	• 국민연금 A급여액 • 기준연금액 적정성 반영 비율

기초연금 수급자 수는 대상자 수에 신청률을 적용하여 산출하였다. 기초연금 대상자 수는 통계청(2021) 장래인구추계의 65세 이상 고령인구의 70%로 하여 산출하고, 신청률은 보건복지부 기초연금 통계(2024)의 대상자 수와 실제 수급자 수의 비율로, 2019~2023년 평균치(99.0%)가 추계 기간에 유지되는 것으로 하였다. 단, 신청률은 재정추계가 연앙인구 기준의 통계청 장래인구추계를 기반으로 하고 있어, 기초연금 통계에서 제공되는 연도 말 고령인구 수 대신 통계청 장래인구추계의 자료 값을 이용하여 산출하였다. 기초연금 통계의 65세 이상 고령인구 수는 통계청 장래인구추계 대비 다소 많은데, 2019년 이후 하락세를 보이고 있어 중·장

기적으로 통계청 장래인구추계에 수렴하는 것으로 가정하였다.

〈표 4-41〉 65세 이상 고령인구 비교: 2019~2023년

(단위: 만 명, 배)

	2019	2020	2021	2022	2023
기초연금 통계(A)	801	848	883	925	971
장래인구추계(B)	769	815	857	902	950
A/B	1.042	1.040	1.030	1.026	1.022

출처: 보건복지부. (2024). 2023년 통계로 본 기초연금; 통계청. (2021). 장래인구추계. 이용하여 저자 작성.

부부 2인 가구 비율은 전체 기초연금 수급자 중 부부 연계 감액을 적용 받는 비율로, 기초연금 통계의 2023년 실적치(43.6%)에 2021~2023년 평균 증가율(0.89%)이 추계 기간에 유지되는 것으로 하여 산출하였다.

기초연금과 국민연금 동시 수급자 비율은 기초연금 통계의 실적 자료에 기초연금 적정성 보고서(보건복지부, 2024)의 추계치를 반영하여 산출하였다. 단, 기초연금 통계의 실적 자료와 기초연금 적정성 보고서의 2023년 동시 수급자 비율이 각각 48.8%와 41.2%로 달라, 2023년 값은 실적치로 하되, 기초연금 적정성 보고서의 추계 기간 중 비율 증가분을 기간 내 연도에 비례적으로 반영하는 것으로 하였다.

〈표 4-42〉 기초연금 평균 연금액 현황: 2018~2023년

(단위: 천 명, %)

	2018	2019	2020	2021	2022	2023
전체 수급자 수(A)	5,126	5,346	5,660	5,973	6,239	6,509
부부 2인(B)	1,892	1,877	1,995	2,243	2,342	2,444
부부 2인 비율(C=B/A)	41.6	41.9	42.4	42.9	43.2	43.6
전년 대비 증가율	-	0.7	1.3	1.2	0.6	0.9

출처: 보건복지부. (2024). 2023년 통계로 본 기초연금. 이용하여 저자 작성.

〈표 4-43〉 동시 수급자 및 비율 추계: 2030~2050년

(단위: 천 명, %)

	2023	2030	2040	2050
기초연금 대상자 수(A)	6,650	9,139	12,071	13,303
동시 수급자 수(B)	2,743	4,561	7,752	10,048
동시 수급자 비율(C=B/A)	41.2	49.9	64.2	75.5

출처: 보건복지부. 기초연금 적정성위원회. (2024). 기초연금 적정성 분석 중 일부 내용 인용.

 동시 수급자의 급여액 비율은 전액에서 국민연금 감액 적용 후 받게 되는 급여액 비율로, 기초연금 통계의 2018~2023년 실적치 평균(61.0%)을 적용하였다. 이를 통계청(2021) 장래인구추계에서 산출한 2024~2050년 기초연금 수급자 수에 적용하여 산출하였다.
 장래인구추계에 따르면, 65세 이상 노인 수는 2025년 10.5백만 명에서 지속적으로 증가하여 2050년에 18.9백만 명으로 증가한다. 전체 인구 대비 65세 이상 고령인구 수 비율은 2025년 20.3%에서 2050년 41.0%로 지속적으로 증가한다.

〈표 4-44〉 장래인구추계: 2025~2050년

(단위: 백만 명, %)

	2025	2030	2035	2040	2045	2050
전체 인구	51.4	51.2	50.9	50.2	49.0	47.4
65세 이상 노인 수	10.6 (20.6)	13.1 (25.5)	15.3 (30.1)	17.2 (34.4)	18.3 (37.4)	19.0 (40.1)

주: ( ) 안은 전체 인구 대비 65세 이상 고령인구 수 비율 값임.
출처: 통계청. (2021). 장래인구추계. 인출하여 저자 작성.

 한편, 기초연금의 기준연금액(2024년 기준 334,810원), 생계급여액(2025년 기준 765,444원), 국민연금 A값(2024년 기준 2,989,237원)은 최근 발표치를 적용하였다.

나. 재정추계 결과

본 추계에서는 수급 대상을 65세 이상 노인의 소득 하위 70%로 하고, 기준연금액을 1) 소비자물가 상승률에 따라 변동하는 것과 2) 2026년부터 5년마다 국민연금 A값의 11.8% 수준으로 조정하는 것으로 구분하여 적용하였다. 수급 가구 유형, 국민연금 수급 여부, 수급자의 소득에 따른 감액 여부 등에 따라 구분하여 추계하였다.

기초연금 수급자 수는 2025년 7,192천 명에서 지속적으로 증가하여 2050년 13,006천 명에 이를 것으로 추계된다.

〈표 4-45〉 기초연금 수급자 수: 2025~2050년

(단위: 천 명)

	2025	2030	2035	2040	2045	2050
수급자 수	7,192	8,881	10,426	11,785	12,542	13,006

출처: 저자 작성.

기준연금액은 2024년의 기준연금액 334,810원을 기준으로 소비자물가 상승률만 적용할 경우 2050년 564천 원, 그리고 5년 주기로 조정할 경우에는 2050년 893천 원으로 증가할 것으로 추계된다.

현행 기준을 유지할 경우 발생하는 총재정 소요는 기준연금액에 소비자물가 상승률만 적용할 경우 불변가격 기준으로 2025년 23.4조 원에서 2050년 44.4조 원(GDP 대비 1.3%)으로 증가할 것으로 추계된다. 기준연금액을 5년 주기로 조정할 경우 2025년 23.4조 원에서 2050년 70.3조 원(GDP 대비 2.7%)으로 증가할 것으로 추계된다.

<표 4-46> 기준연금액: 2025~2050년

(단위: 천 원)

	2025	2030	2035	2040	2045	2050
물가상승률만 적용	344	380	419	463	511	564
5년 주기 조정	344	413	500	607	737	893

출처: 저자 작성.

<표 4-47> 현행 기준 유지 시 기초연금 재정 소요: 2025~2050년

(단위: 조 원, %)

	2025	2030	2035	2040	2045	2050
물가상승률만 적용	26.1	34.7	43.8	52.9	60.2	66.6
(GDP 대비)	(1.1)	(1.2)	(1.3)	(1.3)	(1.3)	(1.3)
5년 주기 조정	26.1	37.9	54.0	74.7	95.2	120.3
(GDP 대비)	(1.1)	(1.3)	(1.6)	(1.9)	(2.1)	(2.4)

주: 2020년 불변가격 기준임.
출처: 저자 작성.

[그림 4-4] 기초연금 재정추계: 2024~2050년

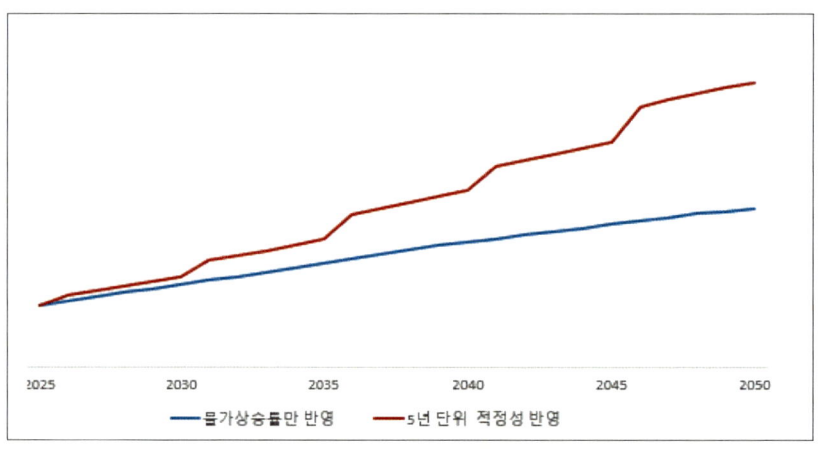

출처: 저자 작성.

제3절 생계급여

1. 제도의 개요

가. 제도 연혁

1999년 9월 「국민기초생활 보장법」이 제정됨에 따라 2000년부터 시행된 국민기초생활보장제도는 IMF 경제위기를 극복하고, 실업자와 빈곤층의 안정적인 생활을 돕기 위한 목적으로 도입되었다. 생활보호제도가 가진 선별적이고 까다로운 수급 요건으로 인하여 많은 사람들이 이 요건을 충족하기가 쉽지 않았던 반면, 국민기초생활보장제도는 시혜적이고, 잔여적이며, 선별적인 복지제도임에도 불구하고 그 대상과 급여의 종류 등이 대폭 확대되었다. 특히 최저생계비, 소득인정액 같은 합리적인 선정 방식이 적용되었고, 생활보호제도에서 사용되었던 용어인 보호가 급여로 변경되었으며, 주거급여, 긴급생계급여 등 새로운 종류의 급여체계도 도입되었다. 국민기초생활보장제도는 최후의 사회안전망으로서 위기 상황의 가구를 보다 적극적으로 보호한다는 취지로 도입되어 우리나라의 대표적인 사회복지제도로서 입지를 다지게 된다. 그러나 국민기초생활보장제도도 생활보호제도와 같은 엄격한 선정 기준의 적용으로 인하여 사각지대 문제가 지속적으로 발생하였다. 또한 수급 대상으로 선정되는 것이 쉽지 않아 한번 수급 대상으로 선정될 경우 탈수급하지 않으려는 빈곤의 함정 문제도 나타나기 시작하였다.

이와 같은 문제점들을 해결하고 빈곤층의 수요에 제대로 부응하기 위한 목적으로 2014년 「국민기초생활 보장법」이 개정되어, 2015년 7월부터 맞춤형 급여로 개편·시행되었다.

[그림 4-5] 국민기초생활제도의 맞춤형 급여 도입

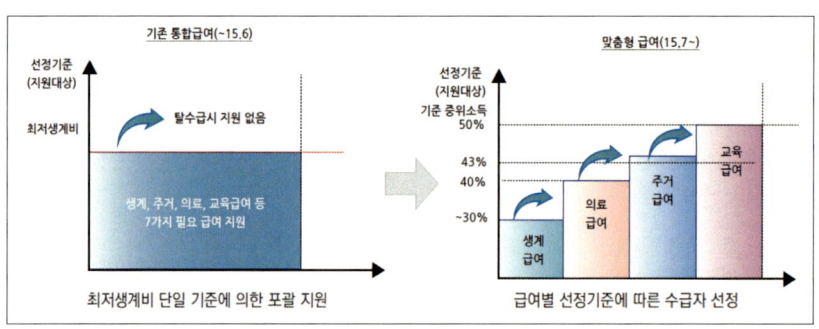

출처: 보건복지부. (2017). 2016 보건복지백서.

개별 급여 방식인 맞춤형 급여제도의 주요 특징은 첫째, 수급 대상 선정과 급여의 기준으로 적용되었던 최저생계비가 기준 중위소득으로 변경되었다는 점이다. 생계급여는 기준 중위소득의 30%, 의료급여는 기준 중위소득의 40%, 주거급여는 기준 중위소득의 44%, 교육급여는 기준 중위소득의 50%로 변경되었다. 또한 사각지대를 축소하기 위하여 교육급여에 대한 부양의무자 기준이 폐지되는 등 부양의무자 기준이 완화되었다.

둘째, 수급 가구 또는 수급자로 선정되면 국민기초생활보장제도의 모든 급여에 대하여 수급 자격이 부여되었던 기존 방식과는 다르게, 대표적 급여인 생계급여, 의료급여, 주거급여, 교육급여의 선정 기준과 운영 주체를 별도로 분리했다는 점이다. 이에 따라 주무 부처가 기존의 보건복지부에서 주거급여는 국토교통부로, 교육급여는 교육부로 변경되었다.

나. 수급자 선정 기준

생계급여의 대상자는 가구의 소득인정액이 생계급여 선정 기준 이하로, 생계급여 수급자로 결정된 자이고, 수급자에게는 의복·음식물 및 연료비, 기타 일상생활에 기본적으로 필요한 금품을 지급한다.[32] 생계급여액은 대상자 선정 기준인 생계급여 최저보장수준33)에서 가구의 소득인정액을 차감한 금액으로 산정된다.34) 가구의 소득인정액35)은 소득평가액에 재산의 소득환산액을 합산하여 산정된다.

생계급여 최저보장수준은 기준 중위소득의 일정 비율로 산정된다. 2023년까지 기준 중위소득의 30%를 유지하였으나, 2024년에 2%p 상향 조정됨에 따라 2024년 기준으로 기준 중위소득36)의 32%이다.

---

32) 「국민기초생활 보장법」 제8조(생계급여의 내용 등) ① 생계급여는 수급자에게 의복, 음식물 및 연료비와 그 밖에 일상생활에 기본적으로 필요한 금품을 지급하여 그 생계를 유지하게 하는 것으로 한다.
33) 「국민기초생활 보장법」 제2조 제6호에 따르면, "최저보장수준"이란 국민의 소득·지출 수준과 수급권자의 가구 유형 등 생활실태, 물가상승률 등을 고려하여 제6조에 따라 급여의 종류별로 공표하는 금액이나 보장수준을 말한다.
34) 「국민기초생활 보장법」 제8조(생계급여의 내용 등) ③ 생계급여 최저보장수준은 생계급여와 소득인정액을 포함하여 생계급여 선정 기준 이상이 되도록 하여야 한다.
35) 「국민기초생활 보장법」 제6조의 3(소득인정액의 산정) ① 제2조 제9호에 따른 개별가구의 소득평가액은 개별가구의 실제 소득에도 불구하고 보장기관이 급여의 결정 및 실시 등에 사용하기 위하여 산출한 금액으로 다음 각 호의 소득을 합한 개별가구의 실제 소득에서 장애·질병·양육 등 가구 특성에 따른 지출요인, 근로를 유인하기 위한 요인, 그 밖에 추가적인 지출요인에 해당하는 금액을 감하여 산정한다.
 1. 근로소득
 2. 사업소득
 3. 재산소득
 4. 이전소득
② 제2조 제9호에 따른 재산의 소득환산액은 개별가구의 재산가액에서 기본재산액(기초생활의 유지에 필요하다고 보건복지부장관이 정하여 고시하는 재산액을 말한다) 및 부채를 공제한 금액에 소득환산율을 곱하여 산정한다. 이 경우 소득으로 환산하는 재산의 범위는 다음 각 호와 같다.
 1. 일반재산(금융재산 및 자동차를 제외한 재산을 말한다)
 2. 금융재산
 3. 자동차
③ 실제 소득, 소득평가액 및 재산의 소득환산액의 산정을 위한 구체적인 범위·기준 등은 대통령령으로 정한다.
36) 「국민기초생활 보장법」 제6조의 2(기준 중위소득의 산정) ① 기준 중위소득은 「통계법」 제27조에 따라 통계청이 공표하는 통계자료의 가구 경상소득(근로소득, 사업소득, 재산소득, 이전소득을 합산한 소득을 말한다)의 중간값에 최근 가구소득 평균 증가율, 가구 규모에 따른 소득수준의 차이 등을 반영하여 가구 규모별로 산정한다.
② 그 밖에 가구 규모별 소득수준 반영 방법 등 기준 중위소득의 산정에 필요한 사항은 제20조 제2항에 따른 중앙생활보장위원회에서 정한다.

〈표 4-48〉 생계급여의 소득인정액 산정 기준: 2024년 기준

```
소득인정액 = 소득평가액[1] + 재산의 소득환산액[2]

1) 소득평가액 = 실제 소득 - 가구 특성별 지출비용 - 근로소득공제
    * 실제 소득: 근로소득, 사업소득, 재산소득, 사적이전소득, 공적이전소득, 보장기관 확인
      소득
2) 재산의 소득환산액 = (재산 - 기본재산액 - 부채) × 소득환산율
    * 재산: 일반재산(주거용 재산), 금융재산, 자동차, 기타 산정되는 재산
    * 기본재산액: 소득환산에서 제외되는 재산가액으로, 서울(9,900만 원), 경기(8,000만
      원), 광역·세종·창원(7,700만 원), 그 외 지역(5,300만 원)
    * 소득환산율 : 주거용 재산(월 1.04%), 일반재산(월 4.17%), 금융재산(월 6.26%), 자동
      차(월 100%)
```

출처: 보건복지부(2024). 2024년 국민기초생활보장 사업안내. 에서 인용

〈표 4-49〉 가구원 수별 생계급여 수급자 선정 기준: 2024년, 32% 기준

(단위: 원)

1인 가구	2인 가구	3인 가구	4인 가구	5인 가구	6인 가구	7인 가구
713,102	1,178,435	1,508,690	1,833,572	2,142,635	2,437,878	2,724,798

주: 8인 이상 가구의 급여별 선정 기준: 1인 증가 시마다 7인 가구 기준과 6인 가구 기준의 차이를 7
인 가구 기준에 더하여 산정함. 8인 가구 생계급여 수급자 선정 기준 : 3,011,718원 =
2,724,798원(7인 기준) + 286,920원(7인 기준 - 6인 기준)
출처: 보건복지부. (2024). 2024년 국민기초생활보장 사업안내. 인용.

기준 중위소득은 맞춤형 급여 도입 이전의 최저생계비에 해당하는 개념으로 보건복지부장관이 급여 기준 등에 활용하기 위하여 중앙생활보장위원회의 심의·의결을 거쳐 고시하는 국민 가구소득의 중위 값이다. 또한 기준 중위소득은 급여 종류별 선정 기준과 생계급여 지급액을 정하는 기준이고, 부양의무자의 부양 능력을 판단하는 기준이 된다. 2021년 기준 중위소득은 전년 대비 2.6% 증가한 반면, 이후 2024년까지 약자 복지를 강화하기 위한 조치로서 증가율이 지속적으로 높아졌다.

<표 4-50> 기준 중위소득: 2021~2025년

(단위: 원, %)

구분	2021	2022	2023	2024	2025
1인	1,827,831 (4.0)	1,944,812 (6.4)	2,077,892 (6.8)	2,228,445 (7.2)	2,392,013 (7.3)
2인	3,088,079 (3.2)	3,260,085 (5.6)	3,456,155 (6.0)	3,682,609 (6.6)	3,932,658 (6.8)
3인	3,983,950 (2.9)	4,194,701 (5.3)	4,434,816 (5.7)	4,714,657 (6.3)	5,025,353 (6.6)
4인	4,876,290 (2.7)	5,121,080 (5.0)	5,400,964 (5.5)	5,729,913 (6.1)	6,097,773 (6.4)
5인	5,757,373 (2.3)	6,024,515 (4.6)	6,330,688 (5.1)	6,695,735 (5.8)	7,108,192 (6.2)
6인	6,628,603 (1.9)	6,907,004 (4.2)	7,227,981 (4.6)	7,618,369 (5.4)	8,064,805 (5.9)
7인 이상	7,497,198 (1.5)	7,780,592 (3.8)	8,107,515 (4.2)	8,514,994 (5.0)	8,988,428 (5.6)
평균 증가율	(2.6)	(5.0)	(5.4)	(6.1)	(6.4)

출처: 보건복지부. 국민기초생활보장 사업안내. (각 연도). 이용하여 저자 작성.

한편, 2021년 10월, 생계급여에서 부양의무자 기준이 폐지되었다. 다만, 부양의무자의 연 소득 1억 원(월 소득 834만 원) 또는 일반재산이 9억 원을 초과하는 경우에 한하여 생계급여 대상에서 제외하고 있다.

다. 기초연금과의 연계 감액

생계급여의 소득인정액은 개별가구별 실제 소득에서 특정 지출 요인 및 근로소득공제에 해당하는 금액을 뺀 소득평가액과 재산을 소득으로 환산한 소득환산액을 합산한 월 단위 금액이다. 이때 소득평가액 산정의 기초가 되는 실제 소득은 근로소득, 사업소득, 재산소득, 이전소득으로 구성되는데, 이 중 이전소득으로 구분되는 공적이전소득에 기초연금 급여가 포함된다.37) 따라서 기초연금을 수급할 경우 연금 급여가 소득으로 산정되어 해당 금액만큼 생계급여에서 공제되므로 실제로 연금 수급 효과가 없을 뿐만 아니라, 최근의 기초연금 급여 인상 혜택을 누리지 못하게 된다. 이는 "보충성의 원칙"과 "타급여 우선의 원칙"이 적용됨에 따른 생계급여 감액으로 볼 수 있다. 보충성의 원칙은 소득이 정부가 정한 기준액보다 적을 경우 그 부족한 만큼 생계급여로 보충한다는 것이고, 타급여 우선의 원칙은 생계급여 신청자가 다른 법령에 따라 보장받을 수 있는 경우 생계급여에 우선하여 다른 법령에 따른 보장을 먼저 받아야 한다는 것이다.

그러나 국민연금 등 급여는 수급자 본인이 납부한 보험료에 근거하여 지급받는 사회보험인 데 반하여 기초연금의 경우 무기여 보편적 수당 방식인데, 이를 동일한 기준으로 적용하는 것은 적절하지 않다는 의견도 존재한다. 장애인 연금, 장애수당, 장애아동수당, 영유아 보육료, 유치원 교육비, 양육수당, 국가유공자 등 생활조정수당, 참전유공자 등 참전명예수당, 일본군위안부 생활안정지원금 등이 소득인정액 산정 시 소득에서 제외되고 있는 점을 고려하면 현행 소득 적용 기준이 명확하지 않은 면도 있다.

---

37) 「국민기초생활 보장법 시행령」 제5조(소득의 범위) ① 법 제6조의 3 제1항 각 호 외의 부분에서 "실제 소득"이란 다음 각 호의 소득을 합산한 금액을 말한다.
   1.~3. (생략)
   4. 이전소득[차상위계층에 속하는 사람에 대해서는 생활여건 등을 고려하여 보건복지부 장관이 정하여 고시하는 바에 따라 다음 각 목의 이전소득의 범위를 달리할 수 있다]
   가.~나. (생략)
   다. 「국민연금법」, 「기초연금법」, 「공무원연금법」, 「공무원 재해보상법」, 「군인연금법」, 「별정우체국법」, 「사립학교교직원 연금법」, 「고용보험법」, 「산업재해보상보험법」, 「국민연금과 직역연금의 연계에 관한 법률」, 「보훈보상대상자 지원에 관한 법률」, 「독립유공자예우에 관한 법률」, 「국가유공자 등 예우 및 지원에 관한 법률」, 「고엽제후유의증 등 환자지원 및 단체설립에 관한 법률」, 「자동차손해배상 보장법」, 「참전유공자 예우 및 단체설립에 관한 법률」 등에 따라 정기적으로 지급되는 각종 수당·연금·급여 또는 그 밖의 금품

국회 보건복지위원회 김선민 의원실이 보건복지부로부터 제출받은 자료에 따르면, 2024년 7월 기준 기초생활보장 수급자 노인 중 기초연금을 동시에 받는 노인은 67만 5,596명이었고, 이 중에서 기초연금 급여 수령으로 인하여 생계급여가 감액된 노인은 67만 4,639명으로 동시 수급자의 99.9%에 달하는 것으로 나타났다. 한편, 이들의 월평균 삭감액은 2024년 기준 월 324,993원으로, 기초연금의 월 최고지급액 334,810원의 97.1%에 해당한다.

〈표 4-51〉 생계급여 수급자 중 기초연금 수급으로 인한 감액 현황: 2021~2024.7.

(단위: 명, 원)

	2020	2021	2022	2023	2024.7
동시 수급자(A)[1]	433,617	567,606	620,870	643,697	675,596
기초연금 수령으로 생계급여 감액된 수급자(B)[2]	432,650	565,450	619,579	642,604	674,639
A/B	99.8%	99.6%	99.8%	99.8%	99.9%
월평균 감액 금액(C)[3]	290,637	290,555	298,296	313,541	324,993
기초연금 월 최고지급액 (기준연금액)(D)	300,000	300,000	307,500	323,180	334,810
C/D	96.9%	96.9%	97.0%	97.0%	97.1%

주: 1) 기초연금 및 기초생계급여 자격 동시 보유 대상자 수
2) 기초연금 및 기초생계급여 동시 수급 대상자 수
3) 다만, 이 수치는 기초연금뿐 아니라 수급자의 전체 소득인정액으로 인한 감액분에 해당함. 즉, 수급자 개인이 직접 벌어들인 시장소득, 개인 자산 및 타법에 의한 공적 이전소득 등에 의한 감액분 전체를 뜻하며, 기초연금 수급만으로 인한 감액 현황은 추출 불가함.
출처: 김선민 의원실. (2024). 보건복지부 제출 자료. 인용.

라. 주요 현황

2019년도 생계급여 수급자 수는 94만 가구, 123만 명 수준이었다. 이후 제도에 대한 선정 요건이 완화되면서 지속적으로 증가 추이를 보이며 2023년 기준으로 129만 가구, 161만 명으로 증가하였다. 2024년 기준 수급자 및 수급 가구 현황이 아직 발표되지 않았으나, 수급자 선정 기준을 기존 30%에서 32%로 상향 조정함에 따른 수급자 및 수급 가구 수의 증가가 예상된다.

〈표 4-52〉 생계급여 수급자 및 수급 가구 수 현황: 2019~2023년

(단위: 명, 가구)

	2019	2020	2021	2022	2023
수급자 수	1,232,325	1,301,061	1,485,635	1,566,570	1,611,361
가구 수	942,925	1,003,912	1,165,030	1,242,549	1,288,044

출처: 보건복지부. 국민기초생활보장 수급자 현황. (각 연도).

한편, 가구원 수별 생계급여 수급 가구 수 비중을 살펴보면, 1인 가구가 전체 수급 가구의 약 80%를 차지하고 있으며, 2인 가구가 14% 내외, 그리고 3인 가구, 4인 가구 순이다. 비록 3년 동안의 통계이나 1인 가구가 증가세를 보이고 있으며, 나머지는 전부 감소세에 있다. 이와 같이 1인 수급 가구의 비중이 증가하는 현상은 통계청 장래가구추계의 1인 가구 비중 추이에서도 살펴볼 수 있다. 다만, 장래가구추계에서 2인 가구의 비중은 증가 추이를 보여준다.[38]

최근 생계급여 지출예산(국비) 현황을 살펴보면, 2019년도 예산 3조

---

[38] 통계청 장래인구추계의 1인 가구 비중은 2021년 32.9%, 2022년 34.1%, 2023년 35.1%이고, 2인 가구 비중은 2021년 28.2%, 2022년 28.6%, 2023년 28.8%이다.

7,581억 원에서 매년 지속적으로 증가하여 2024년도 기준 7조 5,394억 원에 이르면서 약 두 배 정도 확대되었다. 특히 2024년도 예산이 전년 대비 1조 5,270억 원 증가하면서, 큰 상승 폭을 보였다. 이 중 상당액은 생계급여 수급자 선정 기준을 기존 30%에서 32%로 상향 조정함에 따른 급여 지출 증가분이다. 실제로 보건복지부는 2%p 상향 조정의 지출 증가분으로 8,452억 원의 예산을 반영하였다.

[그림 4-6] 생계급여 수급자 및 수급 가구 수 추이: 2019~2023년

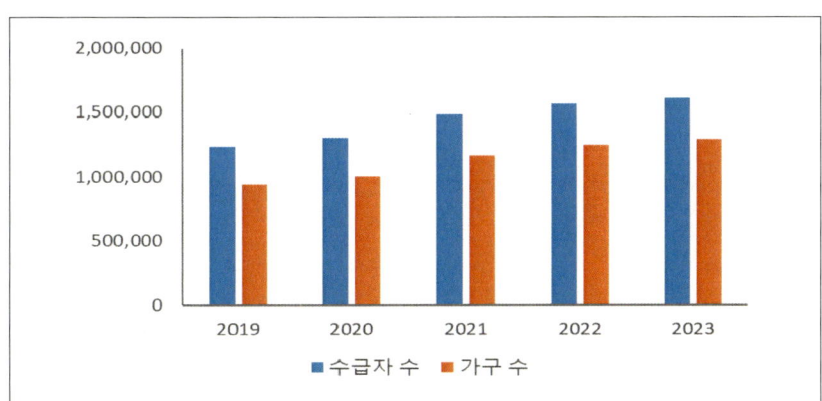

출처: 보건복지부. 국민기초생활보장 수급자 현황. (각 연도).

〈표 4-53〉 가구원 수별 수급 가구 수 비중: 2021~2023년

(단위: %)

	2021	2022	2023
1인 가구	79.2	80.2	80.9
2인 가구	14.4	13.9	13.5
3인 가구	4.1	3.8	3.6
4인 가구	1.5	1.4	1.3
5인 가구	0.5	0.5	0.4
6인 가구	0.2	0.1	0.1
7인 가구 이상	0.1	0.1	0.1

출처: 보건복지부. (2024). 보건복지부 내부 자료.

[그림 4-7] 가구원 수별 수급 가구 수 비중: 2023년 기준

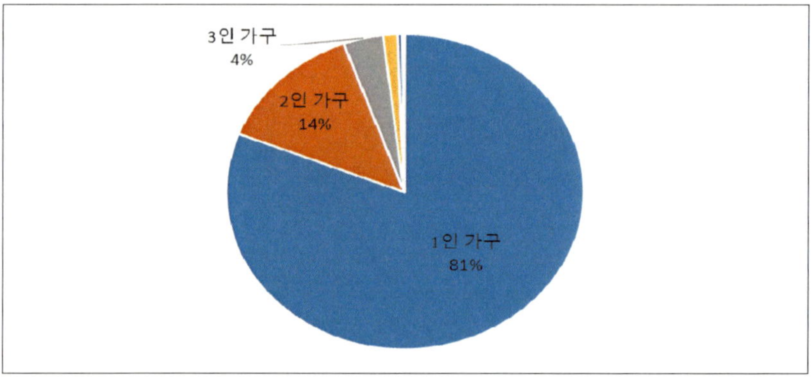

- 1인 가구 81%
- 2인 가구 14%
- 3인 가구 4%

출처: 보건복지부. (2024). 보건복지부 내부 자료.

〈표 4-54〉 생계급여 지출예산 현황: 2019~2024년

(단위: 백만 원)

	2019	2020	2021	2022	2023	2024
생계급여	3,758,084	4,336,031	4,653,562	5,261,080	6,012,456	7,539,428

주: 국비 기준
출처: 보건복지부. 예산 및 기금운용계획 예산사업 설명자료. (각 연도).

마. 최근 제도 개선 방향

정부는 「국민기초생활 보장법」 제20조의 2[39]에 따라 국민기초생활보장제도의 운영과 정책 방향 및 개선 과제 등을 포함하는 「기초생활보장 종합계획」을 3년 단위로 발표하고 있다. 2017년 제1차 종합계획, 2020년 제2차 종합계획에 이어 2023년 9월 정부가 발표한 제3차 종합계획에

---

[39] 「국민기초생활 보장법」 제20조의 2(기초생활보장 계획의 수립 및 평가) ① 소관 중앙행정기관의 장은 수급자의 최저생활을 보장하기 위하여 3년마다 소관별로 기초생활보장 기본계획을 수립하여 보건복지부장관에게 제출하여야 한다.
② (생 략)
③ 보건복지부장관은 제1항에 따른 기초생활보장 기본계획 및 제2항에 따른 평가결과를 종합하여 기초생활보장 종합계획을 수립하여 중앙생활보장위원회의 심의를 받아야 한다.

는 현 정부의 공약으로 추진되는 국민기초생활보장제도의 포괄성 확대에 관한 내용이 상당 부분 포함되어 있다. 현 정부는 「국정과제 43: 국민 맞춤형 기초보장 강화」에서 생계급여의 선정 기준을 기준 중위소득의 30%에서 35%로, 주거급여 선정 기준을 단계적으로 최대 50%까지 인상하기로 하였다. 실제로 제3차 종합계획에 따르면, 2024년에는 2017년 이후 7년 만에 생계급여 선정 기준을 기준 중위소득의 32%까지 상향 조정하고 이후 35%까지 단계적으로 상향하는 내용이 담겼다.

또한, 2024년 7월 25일 발표된 보건복지부 보도자료에 따르면, 2025년의 기준 중위소득을 전년 대비 6.42%로 인상한다고 밝혔다. 이는 맞춤형 급여체계로 전환된 2015년 이후 역대 최고 증가율[40]에 해당하며, 생계급여의 선정 기준인 최저보장수준은 2024년과 동일하게 기준 중위소득의 32%를 적용하여 4인 가구 기준 2024년 1,833,572원에서 2025년에 1,951,287원으로 인상한다. 정부는 기준 중위소득 인상 및 제도 개선을 통하여 약 7만 1천 명이 새롭게 생계급여를 수급할 수 있을 것으로 전망하였다.

자동차재산의 소득환산율과 관련해서는 현행 100%를 적용하고 있으나, 예외적으로 일반재산 환산율(4.17%)을 적용하여 차량 가액의 일부만 소득으로 산정하고 있다. 이를 2025년부터는 일반재산 환산율을 적용하는 자동차재산 기준을 완화한다. 구체적으로 현행 기준 1,600cc, 200만 원 미만에서 2,000cc, 500만 원 미만으로 변경된다.

한편, 복지 사각지대의 원인으로 작용하였던 부양의무자[41] 기준이

---

40) 연도별 기준 중위소득 증가율은 (2016) 4.00% → (2017) 1.73% → (2018) 1.16% → (2019) 2.09% → (2020) 2.94% → (2021) 2.68% → (2022) 5.02% → (2023) 5.47% → (2024) 6.09%이다.
41) 「국민기초생활 보장법」 제2조 제5호에 따르면, "부양의무자"란 수급권자를 부양할 책임이 있는 사람으로서 수급권자의 1촌의 직계혈족 및 그 배우자를 말한다. 다만, 사망한 1촌의 직계혈족의 배우자는 제외한다.

2021년 10월에 폐지되었고, 현재 부양의무자의 연 소득 1억 원(월 소득 834만 원) 또는 일반재산이 9억 원을 초과하는 경우에 한하여 생계급여 대상에서 제외한다는 예외 규정이 존재한다. 정부는 이와 같은 현행 기준을 "연 소득 1.3억 원 또는 일반재산 12억 원 초과"로 완화할 계획이다.

2. 재정추계

가. 수급 대상

생계급여 수급 대상은 일반 수급 가구와 시설 수급자로 구분하여 추계하였다. 우선 '일반 수급 가구 수'는 통계청 장래가구추계 전망치에 기준 중위소득 32% 가구 비율을 적용하여 추계하였다. 소득 기준선을 충족하는 수급 가구 수는 통계청 장래가구추계(2022) 대비 2024년 예산 산출 시 반영된 가구 수 비율로 하여, 추계 기간 동안 동 비율이 유지되는 것으로 가정하였다. 단, 통계청 장래인구추계 자료는 1인/2인/3인/4인 이상 가구로 구분하여 발표되고 있어, 생계급여 지급 조건에 맞추기 위해 통계청 4인 이상 가구는 4인/5인/6인/7인 이상 가구로 구분되어야 한다. 이는 2024년 예산 자료의 4인 이상 가구에서 각 가구원 수별 비율을 적용하는 것으로 하고, 동 배분 비율이 추계 기간 동안 동일하게 유지되는 것으로 하였다.

〈표 4-55〉 전체 가구 수 대비 생계급여 수급 가구 수 비율: 2024년 예산 기준

(단위: %)

1인 가구	2인 가구	3인 가구	4인 가구	5인 가구	6인 가구	7인 이상
11.95	2.54	1.07	0.49	0.16	0.05	0.03

출처: 통계청. (2022). 장래가구추계: 2022~2050년; 보건복지부. (2024). 2024년도 예산 및 기금 운용계획 예산사업 설명자료. 이용하여 저자 작성.

생계급여 일반 수급 가구 수는 가구원 수별 수급 가구 수를 구하여 합산하는 방식으로 추계하는데, 가구원 수별 수급 가구 수는 통계청 장래가구 추계치에 상기 수급 가구 비율을 적용하는 방식으로 하였다.

시설수급자 수는 일반수급자 수의 일정 비율로 추계하는데, 일반수급자 수는 앞에서 구한 일반 수급 가구 수에 가구원 수를 곱하여 산출하였다. 2024년 예산 기준(보건복지부, 2024b) 시설수급자는 9.4만 명으로, 일반수급자 152.2만 명 대비 6.2%에 해당한다. 2024년의 동 비율에서 출발하되 2022~2024년 중 비율이 전년 대비 평균 0.05%p 하락하였음을 감안하여 추계 기간 동안 매년 비율을 하향 조정하였다.

나. 월 급여액

생계급여 수급 가구의 월 급여액은 선정 기준인 최저보장수준에서 평균 소득인정액을 차감하여 추계하였다. 이때 최저보장수준은 기준 중위소득의 32%로 유지되는 것으로 하고, 최근의 증가율을 적용하여 기준 중위소득을 추계하였다. 다만, 기준 중위소득 증가율이 최근 3~4년간 이례적으로 높았음을 감안하여 2031년까지 최근의 증가세를 완만하게 점감시키는 방식으로 반영하고, 이후에는 2031년도 수준이 유지되는 것으로 하였다.

생계급여 선정 기준인 최저보장수준은 기준 중위소득의 32%로 하여 추계하였다.

〈표 4-56〉 기준 중위소득 추계: 2025~2050년

(단위: 백만 원)

	2025	2030	2035	2040	2045	2050
1인 가구	2.39	3.21	3.65	4.10	4.62	5.20
2인 가구	3.93	5.12	5.76	6.43	7.18	8.01
3인 가구	5.03	6.47	7.26	8.08	8.99	10.01
4인 가구	6.10	7.78	8.69	9.65	10.72	11.91
5인 가구	7.11	8.94	9.94	11.00	12.17	13.47
6인 가구	8.06	9.97	11.04	12.16	13.40	14.77
7인 이상 가구	8.99	10.93	12.05	13.23	14.53	15.95

출처: 저자 작성.

〈표 4-57〉 가구원 수별 최저보장수준 추계: 2025~2050년

(단위: 천 원)

	2025	2030	2035	2040	2045	2050
1인 가구	765	1,028	1,167	1,314	1,478	1,663
2인 가구	1,258	1,639	1,843	2,058	2,297	2,564
3인 가구	1,608	2,071	2,322	2,585	2,878	3,204
4인 가구	1,951	2,489	2,782	3,089	3,431	3,810
5인 가구	2,275	2,859	3,182	3,521	3,895	4,310
6인 가구	2,581	3,191	3,533	3,893	4,289	4,726
7인 이상 가구	2,876	3,498	3,856	4,234	4,649	5,105

출처: 저자 작성.

가구원 수별 평균 소득인정액은 2024년도 예산 및 기금운용계획 사업설명자료에 반영된 2024년 기준 평균 소득인정액을 기준으로 KDI의 명목임금 상승률을 적용하여 산출하였다.

생계급여 수급 가구의 가구원 수별 평균 월 급여액은 가구원 수별 최저보장수준에서 가구원 수별 평균 소득인정액을 차감하여 추계하였다.

〈표 4-58〉 가구원 수별 월평균 급여액 추계: 2025~2050년

(단위: 천 원)

	2025	2030	2035	2040	2045	2050
1인 가구	554	772	857	936	1021	1110
2인 가구	874	1172	1277	1371	1464	1556
3인 가구	1211	1590	1737	1876	2018	2163
4인 가구	1433	1860	2019	2164	2309	2452
5인 가구	1624	2071	2225	2360	2488	2607
6인 가구	1833	2284	2433	2558	2671	2768
7인 가구 이상	2054	2502	2647	2767	2870	2952

출처: 저자 작성.

시설수급은 시설수급자 수에 이들의 1인당 연간 급여액을 곱하여 추계하였다. 시설수급자 수는 상기 설명한 바대로 일반수급자 수 추계치에 점감하는 방식으로 일정 비율을 적용하여 추계하였다. 이들의 1인당 급여액은 2024년 월 31.8996원(보건복지부, 2024b)의 연간화된 값으로 적용하고 이후 매년 명목임금 상승률 만큼 상승하는 것으로 추계하였다.

다. 재정추계 결과

생계급여는 일반수급, 시설수급, 제도 개선 효과, 기초연금 감액의 4가지 재정발생분을 각각 추계하여 합산하여 추계하였다.

일반수급 생계급여는 앞에서 산출한 가구원 수별 생계급여 수급 가구 수에 가구원 수별 평균 급여액을 곱하여 추계하였다.

〈표 4-59〉 일반수급 재정추계: 가구원 수별, 2025~2050년

(단위: 십억 원)

	2025	2030	2035	2040	2045	2050
1인 가구	7,035	10,415	11,849	13,042	13,997	14,659
2인 가구	1,850	2,618	2,954	3,239	3,464	3,599
3인 가구	640	792	820	836	846	857
4인 가구	262	279	259	245	230	215
5인 가구	99	103	94	88	81	75
6인 가구	56	57	52	48	44	40
7인 가구 이상	22	22	20	18	17	15
합계	9,965	14,792	16,690	18,314	19,645	20,598

출처: 저자 작성.

시설수급 생계급여는 시설수급자 수에 연간화된 1인당 급여액을 곱하여 추계하였다.

〈표 4-60〉 시설수급 재정추계: 2025~2050년

(단위: 억 원)

2025	2030	2035	2040	2045	2050
3,899	5,070	6,424	7,968	9,649	11,384

출처: 저자 작성.

제도 개선 효과는 자동차 재산환산 기준 완화, 청년 근로소득 공제 확대, 청년내일저축계좌 등 제도 개선에 따른 추가적인 재정 소요액으로, 매년 일반수급 및 시설수급 합계액의 전년 대비 증가율만큼 증가하는 것으로 추계하였다.

기초연금 인상에 따른 재정 절감액은 감액 수급자 수와 이들의 1인당 평균 감액 금액을 추계하여 반영하였다. 감액 수급자 수는 일반수급자와 시설수급자 대비 동시 수급자 감액 비율을 적용하여 산출하였다. 일반수급자와 시설수급자는 앞의 생계급여 일반수급과 시설수급 추계의 중간

결과물이 되는 각각의 수급자 수 추계치를 합하여 산출하고, 감액 비율은 2024년 일반수급자와 시설수급자의 합계 대비 감액 수급자 비율(김선민 의원실, 2024)인 0.42%가 장기적으로 유지되는 것으로 하였다.

기초연금 수급에 따른 감액 금액은 2024년 기준연금액 대비 평균 감액 금액 비율[42]인 97.1%가 향후에도 유지되는 것으로 하였다. 단, 이때 평균 감액 금액은 기초연금 감액 외에 소득인정 등에 따라 기초연금 지급액에서 감액되는 전체 금액에 해당되므로, 기초연금 감액 금액 추정치에 2024년 예산에 반영된 생계급여 재정 절감분 비율[43]을 적용하여 추계한다. 생계급여 수급 시 공제하는 기초연금 감액 금액을 구하기 위해서는 기초연금 기준연금액에 대한 추계가 필요한데, 이를 위해 앞 절의 기초연금 재정추계의 중간 산출물인 기준연금액을 연간화하여 활용하였다. 단, 기준연금액은 5년 단위 소득 적정성 평가를 반영하므로 동 시점의 기초연금 인상이 높게 이루어짐을 감안하여, 적정성 평가 반영 시점 이후 재정 절감액이 점감할 수 있도록 조정계수를 적용하였다.

이상의 결과를 종합한 생계급여 추계 결과는 아래 표와 같다. 단, 국고보조율은 2024년 82.76%가 장기적으로 유지되는 것으로 하였다.

〈표 4-61〉 생계급여 재정추계: 2025~2050년

(단위: 조 원, %)

	2025	2030	2035	2040	2045	2050
국비(A)	9.7	13.6	15.3	16.8	18.0	18.8
지방비(B)	1.8	2.6	2.9	3.2	3.4	3.6
합계(A+B)	11.5 (0.43)	16.2 (0.50)	18.2 (0.48)	19.9 (0.46)	21.4 (0.43)	22.4 (0.40)

주: ( )의 값은 명목GDP 대비 비율 값임.
출처: 저자 작성.

---

42) 김선민 의원실(2024) 자료를 활용하여 저자 계산
43) 2024년 감액 수급자 수와 연평균 감액 금액 추정치를 곱하여 산출한 기초연금 감액액과 2024년도 보건복지부 예산 및 기금운용계획에서 예상하는 재정 절감분의 비율로 산출

제5장

재정추계 모형: 의료·요양

제1절 건강보험
제2절 노인장기요양보험
제3절 의료급여 등
제4절 시나리오: 요양병원 이용 관련

제5장 재정추계 모형: 의료·요양

본 장에서는 사회보험으로 운영되는 건강보험과 노인장기요양보험(이하 '장기요양보험'), 일반재정 사업인 의료급여와 노인장기요양보험의 의료급여분에 대한 재정추계 모형을 구축하고, 양 사회보험 재정에 연계될 수 있는 '사회적 입원' 현황과 재정 영향을 요양병원을 중심으로 살펴본다.

제1절 건강보험

1. 선행 연구

가. 김윤희. (2020). 건강보험 보장성 강화대책에 따른 건강보험 재정추계. 보건경제와 정책연구(구 보건경제연구), 26(1), 117-145.

주요 가정은 다음과 같다. 의료비 증가율은 1인당 의료비 증가율과 인구 증가율을 반영하여 적용하되, 1인당 의료비 증가율은 기본 분석에서는 최근 증가율(7.69%)을 적용하였다. 재정 절감 효과는 보건복지부의 계획(「제1차 국민건강보험종합계획」, 보건복지부)에 따라 2020년 급여비의 1%, 2021~2022년 2%, 2023년 이후 3%가 절감되는 것으로 가정하였다. 건강보험료 수입은 건강보험료율을 2020년 3.2%, 2021~2022년 3.49%, 2023년 이후 매년 3.2%씩 인상하는 것으로 가정하되, 8% 상한 규정을 적용하고, 정부지원금은 건강보험료 수입액의 13.6%가 매년 지원되는 것으로 가정하였다.

 산출 방법은 다음과 같다. 급여비보다 상위 개념인 의료비를 먼저 추계한 후 여기에 건강보험 보장률을 곱하여 건강보험 급여비를 추계하였다. 단, 의료비 추계에서 미용·성형, 건강검진비, 시력교정술, 예방접종, 일반 의약품 및 의약외품 등이 제외된다. 이는 OECD 장기추계 모형을 활용한 기획재정부의 장기추계(기획재정부, 2015)와 김우현 외(2018) 등의 연구 방법과 유사하다. 즉, GDP 대비 경상의료비 비중을 추계한 후, 동 비율을 사전에 거시경제 전문가들을 통해 추계한 GDP 수준에 곱하여 경상의료비 규모를 추계하고, 경상의료비 대비 공공의료비 비중, 공공의료비 대비 건강보험 지출 비중 등을 가정하여 차례로 곱하여 건강보험 지출을 추계하였다.

 산출 결과를 살펴보면, 건강보험 수입은 2020년 75.3조 원, 2024년 100.9조 원, 2028년 127.5조 원으로 추계되었다. 재정 절감 효과가 나타나지 않으면서 2022년에 건강보험 보장률이 70% 달성하는 경우 건강보험 지출은 2020년 78.8조 원, 2024년 109.7조 원, 2029년 158.7조 원 등으로 추계되었다. 재정 절감 효과가 나타나면서 2022년에 건강보험 보장률을 70% 달성하는 경우 건강보험 지출은 지출 폭이 둔화되어 2020년 78.1조 원, 2024년 106.6조 원, 2029년 154.1조 원 등으로 추계되었다.

나. 임슬기. (2023). 2023~2032년 건강보험 재정전망(현안보고서). 국회예산정책처.

 산출 방법은 다음과 같다. 건강보험 수입은 조성법, 지출은 인구구조, 소득 및 잔차 요인을 고려하는 OECD(2006, 2013) 모형을 토대로 전망하였다. 2023, 2024년 보험료율은 기결정된 7.09%를 준용하며 이후에는 최근 3년(2021~2023년) 평균 2.06% 증가율만큼 증가하되, 2030년에 보험료 상한 8%에 도달하는 것으로 가정하였다. OECD(2013)의 모형은 공공의료비(건강보험+장기요양보험+정부 지원 등)를 전망하였으며, 이를 활용한 국민건강보험공단(2015)의 모형은 국민의료비(경상의료비+보건의료 인프라 투자), 김우현 외(2018)의 모형은 경상의료비(공공의료비+민간의료비)를 전망한 후 건강보험 지출이 차지하는 비중을 하향식(top-down)으로 가정하여 건강보험 지출을 전망하는 방식을 적용하였다. 이와 달리, NABO(2023) 모형(임슬기, 2023)은 건강보험 급여비를 직접 전망한 후 건강보험 재정을 전망하는 상향식(bottom-up) 방식을 적용하였다.

[그림 5-1] NABO(2023) 건강보험 재정전망 모형 개요

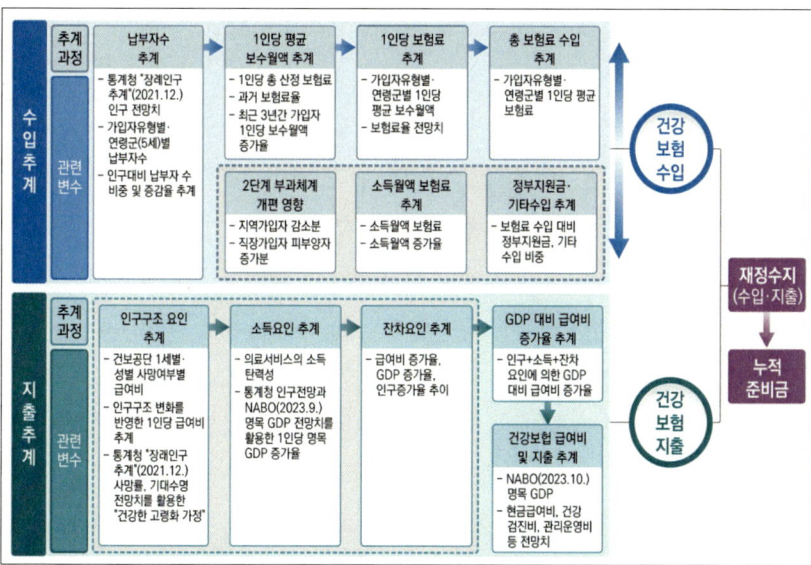

출처: 임슬기. (2023). 2023~2032년 건강보험 재정전망 (현안보고서). 국회예산정책처. p.33.

산출 결과를 살펴보면, 건강보험은 2024년부터 적자로 전환된 후 2028년에 준비금 소진이 예상되며, 2032년 누적 적자액은 61.6조 원에 달할 것으로 전망하였다.

다. 황인욱 외. (2023). 미시모의실험모형을 이용한 장래 건강보험 진료비 추정. 보건경제와 정책연구, 29(2), 55-86.

보건의료비 지출 추계를 위해 국내·외에서 거시 모형(macro-level models), 조성법 모형(component-based models), 미시 모의실험 모형(micro-simulation models) 등이 활용되고 있다(Astolfi et al., 2012). 거시 모형은 일반적으로 보건의료 지출의 영향요인이 급격하게 변하지 않는 약 2년 미만의 비교적 짧은 기간의 보건의료비 지출 추계에 활용한다. 조성법은 소수의 주요 인구학적 요인의 변화에 따른 보건의료비 지출 변화를 추정하는 모형으로 중기(medium-term) 추계에 광범위하게 사용된다.

미시 모의실험 모형은 의료비 결정요인의 동태적 변화, 인구의 장기 역학적 추이, 제도의 변화에 대한 개인의 행태 변화 등의 광범위한 정보를 모형에 반영한다. 그러나 다양한 미시자료와 각 정보에 대한 가정 또는 추정이 필요하므로, 세부 모형별 추정오차가 모형의 신뢰도를 낮출 수 있다. 개인별 특성을 순서에 따라 연 단위로 업데이트하고, 특히 개인의 생애주기에 따라 출산, 교육, 경제활동, 소득, 배우자 유무, 의료급여 수급 여부, 민간의료보험, 장애, 건강, 사망, 건강보험 진료비 등의 모듈이 포함된다. 예를 들어 t기의 경제활동 모듈에는 t기의 출산 및 교육 특성이 설명변수로 투입되지만, 아직 업데이트되지 않은 소득의 경우 t-1기의 값이 투입된다.

산출 결과를 살펴보면, 전체 인구의 총 건강보험 진료비는 2019년 기준 약 67조에서 2065년 149조까지 증가하고, 진료비 증가 속도는 약 2050년 이후 비교적 감소한다.

[그림 5-2] 건강보험 진료비 추계 미시 모의실험 모형

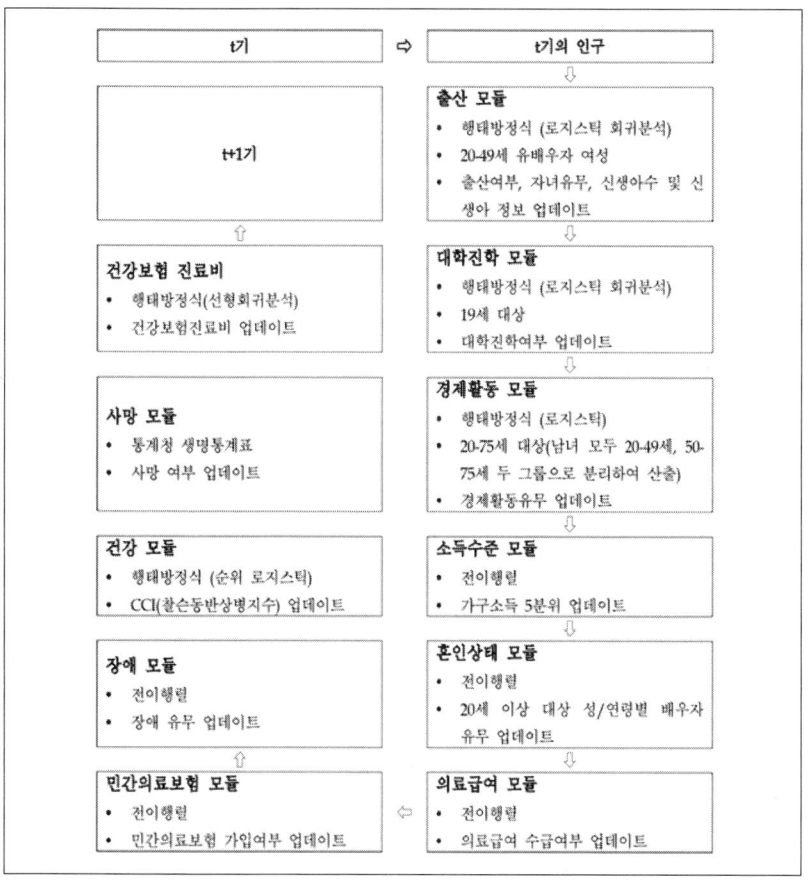

출처: 황인욱 외. (2023). 미시모의실험모형을 이용한 장래 건강보험 진료비 추정. 보건경제와 정책연구, 29(2). p.61.

2. 건강보험 재정 수입 및 지출 현황

가. 건강보험 수입 현황

2023년 우리나라 전체 의료보장 적용 인구는 5,297만 명이며, 이 중에 건강보험 적용 인구는 5,145만 명이었다(국민건강보험공단, 2024a, p.2). 아래의 표에 제시된 바와 같이, 건강보험 적용 인구 중 2023년 직장 가입자는 3,637만 명으로 2022년의 3,663만 명보다는 감소하였고, 2023년 지역가입자는 1,509만 명으로, 2022년의 1,478만 명보다 증가하였다. 건강보험 적용 인구 중 직장 비율은 70.7%로, 전년 대비 0.6%p 감소하였다.

〈표 5-1〉 의료보장(의료급여+건강보험) 적용 인구 현황

(단위: 천 명, 천 세대, %)

구분		2019	2020	2021	2022	2023
건강보험	직장	37,227	37,150	37,180	36,633	36,365
	-가입자	18,123	18,543	19,090	19,594	19,834
	-피부양자	19,104	18,607	18,090	17,039	16,531
	지역(가입자)	14,164	14,195	14,232	14,777	15,089
	-세대주	8,377	8,590	8,817	9,314	9,584
	-세대원	5,787	5,605	5,415	5,463	7,144
	소계	51,391	51,345	51,412	51,410	51,453
의료급여		1,489	1,523	1,517	1,522	1,517

주: 연도 말 기준 직장가입자는 이중 가입자 포함, 지역 세대수는 비가입 세대주 세대 포함 수치임.
출처: 국민건강보험공단. (2024). 2023년 건강보험 통계연보(연도별 의료보장 적용 인구 현황). p.2.

2023년 보험료 부과액은 82조 1,036억 원으로 2022년의 76조 7,703억 원과 비교하여 전년 대비 6.9% 증가한 것으로 나타났다(국민건강보험공단, 2024a, p.6). 2023년의 직장보험료는 72조 3,670억 원으

로 총부과액의 88.1%를 차지하였다. 건강보험 세대당 월평균 보험료는 134,010원이며, 이 중에서 직장가입자가 월평균 155,760원, 지역가입자가 월평균 87,579원인 것으로 나타났다.

[그림 5-3] 연도별 의료보장 적용 인구 현황

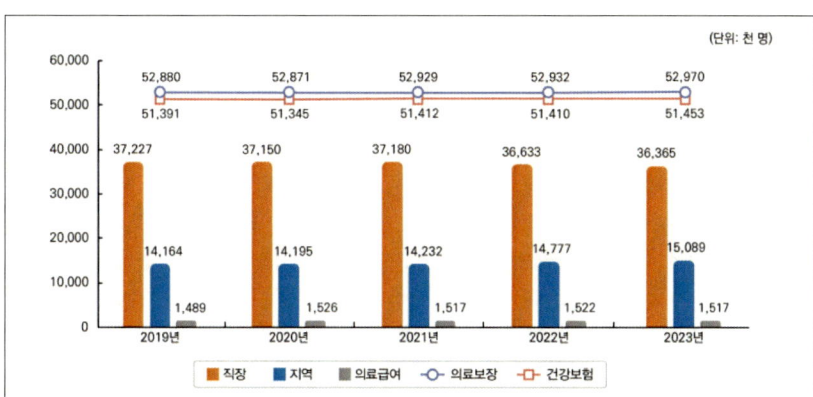

출처: 국민건강보험공단. (2024a). 2023년 건강보험 통계연보(연도별 의료보장 적용 인구 현황). p.2.

〈표 5-2〉 연도별 건강보험료 부과 현황

(단위: 억 원, 원)

구분		2019	2020	2021	2022	2023
보험료 (억 원)	소계	591,328	631,114	694,869	767,703	821,036
	직장	507,712	540,194	594,666	666,845	723,670
	지역	83,616	90,921	100,202	100,858	97,366
세대당 월평균 보험료 (원)	소계	109,558	114,069	122,201	129,832	134,010
	직장	120,152	124,629	133,591	145,553	155,760
	지역	86,160	90,864	97,221	95,221	87,579

주: 결산 기준, 세대당 월 보험료는 개인부담보험료 기준(사용자부담금 제외)임.
출처: 국민건강보험공단. (2022, 2023a). 2021년, 2022년 건강보험 통계연보(보험료 현황).

건강보험재정을 위한 수입은 보험료 수입, 정부지원금, 기타 수입(가산금, 이자수입 등)으로 구분되며, 추가로 누적 법정준비금을 마련하고 있다. 2023년의 건강보험 총수입은 96조 원이며, 이 중에서 보험료 수입은 82조 원, 정부지원금은 11조 원이었다(국민건강보험공단, 2024).

[그림 5-4] 연도별 보험료 현황

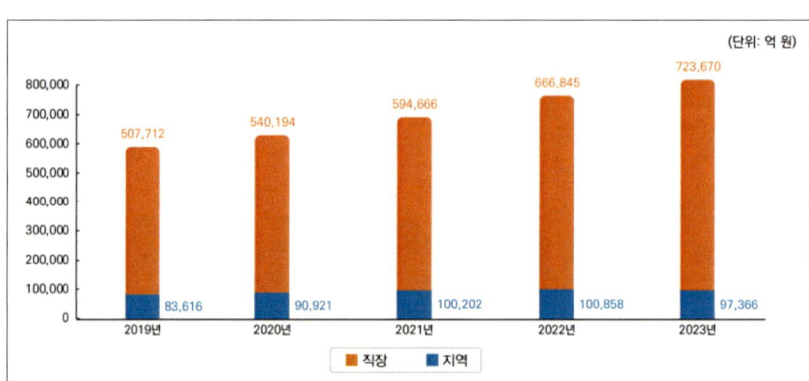

출처: 국민건강보험공단. (2023a). 2022년 건강보험 통계연보(연도별 의료보장 적용 인구 현황). p.6.

〈표 5-3〉 연도별 건강보험 수입 및 누적 법정준비금 현황

(단위: 억 원)

	보험료	정부지원금			기타	총수입 (계)	누적 법정 준비금
		소계	국고 지원금	담배 부담금			
2008	249,730	40,262	30,023	10,239	7,879	297,871	22,278
2009	261,661	46,828	36,566	10,262	6,515	315,004	22,278
2010	284,577	48,561	37,930	10,631	6,351	339,489	9,593
2011	329,221	50,283	40,715	9,568	8,106	387,611	15,600
2012	363,900	53,432	43,359	10,073	7,405	424,737	45,757
2013	390,319	57,994	48,007	9,986	23,746	472,059	45,757
2014	415,938	63,149	52,958	10,191	26,068	505,155	82,204
2015	443,298	70,902	55,717	15,185	18,721	532,921	128,073
2016	475,931	70,917	52,003	18,914	17,751	564,599	169,801

	보험료	정부지원금			기타	총수입 (계)	누적 법정 준비금
		소계	국고 지원금	담배 부담금			
2017	504,168	67,747	48,736	19,011	16,266	588,181	200,657
2018	538,965	70,704	51,903	18,801	17,489	627,158	207,734
2019	591,328	77,672	59,589	18,082	22,733	691,733	205,955
2020	631,114	92,152	73,351	18,801	27,883	751,150	177,713
2021	694,869	95,589	76,423	19,167	26,624	817,082	174,181
2022	767,703	104,862	86,712	18,149	37,524	910,086	202,410
2023	821,036	109,572	91,363	18,208	33,561	964,169	238,701

주: 당해 연도 결산 기준, 기타는 결산보고서(포괄손익계산서)상 보험료, 국고지원금, 담배부담금을 제외한 수입액임.
출처: 국민건강보험공단. (2022, 2023a, 2024a). 2021년, 2022년, 2024년 건강보험 통계연보.

나. 건강보험 지출 현황

2023년도 건강보험 적용대상자의 1인당 연간 보험료는 1,596,983원인 반면, 1인당 연간 급여비는 1,796,030원이었다.

〈표 5-4〉 1인당 연간 보험료 및 급여비

(단위: 원)

구분	2019년	2020년	2021년	2022년	2023년
1인당 연간 보험료	1,154,212	1,228,802	1,352,083	1,493,677	1,596,983
1인당 연간 급여비	1,346,744	1,385,612	1,492,698	1,623,967	1,796,030

주: 1. 결산 기준
　　2. 1인당 연간보험료는 개인 및 사용자가 부담한 보험료 기준
　　3. 1인당 연간 보험료 = 연간 보험료(국고지원금, 담배부담금 제외) / 연평균 건강보험 적용 인구
　　4. 1인당 연간 급여비 = 연간 보험급여비 / 연평균 건강보험 적용 인구
　　※ 2023년도 연평균 건강보험 적용 인구 : 51,411,696명
출처: 국민건강보험공단. (2024a). 2023년 건강보험 통계연보. p.8.

2023년도의 보험급여비는 92조 3,369억 원으로, 2022년도 보험급여비인 83조 4,668억 원보다 증가하였으며, 2023년도의 세대당 연간 보험급여비는 3,179만 원이었다.

<표 5-5> 1인당 연간 보험료 및 급여비

(단위: 억 원, 원)

구분	2019년	2020년	2021년	2022년	2023년
보험급여비 (억 원)	689,966	711,652	767,134	834,668	923,369
세대당 연간 보험급여비 (원)	2,727,087	2,669,049	2,797,222	2,953,530	3,179,330

주: 1. 결산 기준
    2. 보험급여비: 현물급여비(요양급여비, 건강검진비) + 현금급여비(임출산진료비, 요양비 등)
    3. 세대당 연간 보험급여비 = 보험급여비/연평균 세대수
   ※ 2023년도 연평균 세대수 : 29,042,886세대
출처: 국민건강보험공단. (2024a). 2023년 건강보험 통계연보. p.9.

[그림 5-5] 연도별 1인당 월평균 진료비 및 급여비 추이

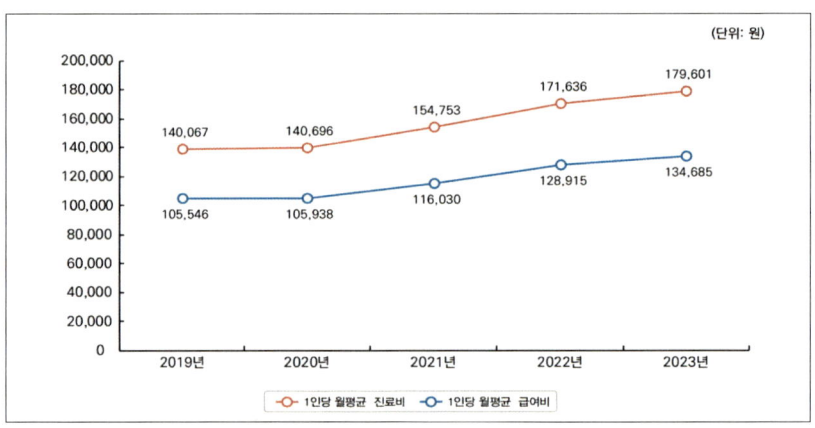

출처: 국민건강보험공단. (2024a). 2023년 건강보험 통계연보. p.10.

    2023년도의 건강보험 진료비는 110조 8,029억 원으로, 전년 대비 4.7% 증가하였고, 급여비는 83조 925억 원으로, 전년 대비 4.5% 증가하였다(국민건강보험공단, 2024). 여기서, 진료비는 요양기관에서 건강보험 환자 진료에 소요된 비용으로 공단부담금과 본인부담금을 합한 금액이며, 급여비는 심사 결정된 진료비 중 법이 정한 본인부담금을 제외하고 보험자(공단)가 요양기관에 지급한 금액으로, 보험급여비의 현물급여 중 요양급여비에 해당한다.

<표 5-6> 연도별 진료비 및 급여비 증가율

(단위: 억 원, %)

구분	2019년	2020년	2021년	2022년	2023년
진료비	861,110	867,139	954,376	1,058,586	1,108,029
전년 대비 증감률	10.5	0.7	10.1	10.9	4.7
급여비	648,881	652,916	715,569	795,099	830,925
전년 대비 증감률	10.4	0.4	9.6	11.1	4.5

주: 1. 진료일 기준
    2. 건강보험 진료 현황(의료급여 및 비급여 제외)
    3. 진료비: 요양기관에서 건강보험 환자 진료에 소요된 비용으로 공단부담금과 본인부담금을 합한 금액이며, 요양기관에서 청구한 진료비 중 심사 결정된 진료비
    4. 급여비(공단부담금, 보험자부담금): 심사 결정된 진료비 중 법이 정한 본인부담금을 제외하고 보험자(공단)가 요양기관에 지급한 금액, 보험급여비의 현물급여 중 요양급여비에 해당함.
출처: 국민건강보험공단. (2024a). 2023년 건강보험 통계연보. p.11.

2023년 65세 이상 노인 건강보험 적용 인구는 전체 대상자의 17.9%에 해당되며, 이들의 2023년 노인진료비는 48조 9,011억 원으로, 2019년 대비 1.4배 증가하였다.

<표 5-7> 연도별 진료비 및 급여비 증가율

(단위: 천 명, % 억 원)

구분	2019년	2020년	2021년	2022년	2023년
65세 이상 건강보험 적용 인구(천 명)	7,463	7,904	8,320	8,751	9,216
전체 건강보험 적용 인구 대비 65세 이상 비율(%)	14.5	15.4	16.2	17.0	17.9
65세 이상 진료비(억 원)	357,925	376,135	413,829	457,647	489,011
증가율, %	12.5	5.1	10.0	10.6	6.9

주: 진료일 기준, 적용 인구는 연도 말 기준
출처: 국민건강보험공단. (2024a). 2023년 건강보험 통계연보. p.13.

2023년도의 총지출액은 94조 7,305억 원이며, 이 중에서 보험급여가 92조 3,369억 원이었다.

[그림 5-6] 연도별 노인(65세 이상) 진료비 현황

연도	노인진료비(억 원)	노인 1인당 연평균 진료비(천 원)
2019년	357,925	4,910
2020년	376,135	4,870
2021년	413,829	5,085
2022년	457,647	5,347
2023년	489,011	5,434

출처: 국민건강보험공단. (2024a). 2023년 건강보험 통계연보. p.13.

〈표 5-8〉 연도별 건강보험 지출 현황

(단위: 억 원)

연도	보험급여비					관리 운영비	기타	총지출 (계)
	요양 급여비	본인 부담액 보상	건강 검진비	임신출산 진료비	소계			
2010	328,284	2	8,014	1,192	337,493	6,751	5,019	349,263
2011	347,828	1	8,808	1,664	358,302	6,112	8,173	372,587
2012	364,123	1	9,585	2,104	375,813	6,144	9,563	391,520
2013	384,398	1	9,968	2,376	396,743	6,309	9,601	412,653
2014	414,914	0	11,014	2,347	428,275	6,419	12,831	447,526
2015	442,654	0	12,647	2,301	457,602	6,233	17,786	481,621
2016	493,987	0	14,009	2,154	510,149	6,742	20,517	537,408
2017	531,967	0	15,082	1,868	548,917	7,297	24,011	580,226
2018	614,234	-	15,562	1,888	631,683	7,636	20,465	659,783
2019	671,304	0	16,690	1,973	689,966	8,861	22,146	720,972
2020	693,359	-	16,303	1,990	711,652	8,799	15,737	736,188
2021	747,232	-	18,366	1,537	767,134	8,869	13,508	789,511
2022	811,450	-	19,869	3,349	834,667	9,125	17,975	861,767
2023	899,805	-	20,690	2,873	923,369	9,210	14,726	947,305

주: 당해 연도 결산 기준, 기타=사업경비+사옥관리비+타 기관 부담금+기타
출처: 국민건강보험공단, 건강보험 통계연보. (각 연도).

3. 분석 방법

본 연구에서는 OECD에서 활용한 경상의료비(또는 공공의료비)를 전망한 후, 건강보험 지출이 차지하는 비중을 하향식(top-down)으로 가정하여 건강보험 지출을 전망하는 방식과는 달리, 건강보험 급여비를 직접 전망한 후 건강보험 재정을 전망하는 상향식(bottom-up) 방식을 적용하였다.

가. 건강보험 재정수입 추계 방법

건강보험 재정수입은 보험료 수입, 정부지원금, 그리고 기타 수입으로 구성되며, 여기서 보험료 수입은 직장보험료 수입과 지역보험료 수입으로 나눌 수 있다. 직장보험료 수입을 산출하기 위해서 인구 대비 직장가입자 비중에 1인당 보수월액, 보험료율을 곱하고 이를 연 단위로 환산하였다.

그리고 지역보험료 수입을 산출하기 위해 인구 대비 지역가입자 비중에 보험료 부과 점수 및 점수당 금액을 곱한 후, 연 단위로 환산하였고, 이의 자세한 수식은 아래와 같다.

```
건강보험 수입 = 보험료 수입 + 정부지원금 + 기타 수입
  여기서, 보험료 수입 = 직장보험료 수입 + 지역보험료 수입
```

```
직장보험료 수입 = 인구 대비 직장가입자 비중×1인당 보수월액×보험료율×12개월
지역보험료 수입 = 인구 대비 지역가입자 비중×보험료 부과 점수×점수당 금액×12개월
```

우선, 건강보험 가입자를 추계하기 위해 통계청에서 발표한 장래인구추계 결과를 활용하였다. 통계청의 장래인구추계는 의료급여 수급권자와 외국인 가입자가 포함되어 있어 통계청 인구수와 건강보험 적용 인구에

서 차이가 발생하지만, 본 연구의 한계로 제시하고자 한다.

직장보험료 수입의 경우 직장인 1인당 보수월액에 대한 자료가 필요하다. 이를 위해 고용노동부의 「2022 고용형태별근로실태조사 보고서」(p.41)에서 제공하는 성별, 연령별 평균 보수월액을 활용하였으며, 보수월액의 증가율을 적용하기 위해 명목임금 상승률을 활용하였다.

보험료율은 최근 3년간인 2021년부터 2023년 동안의 연평균 수준으로 증가한다고 가정하였다. 그리고 보험료율이 8%가 넘게 되는 시점부터는 8% 상한 규정을 적용하여 보험료율이 8%로 유지되는 것으로 가정하였다. 지역가입자의 보험료 수입을 산출하기 위해 적용되는 보험료 부과 점수는 2021년부터 2023년 동안의 최근 3년간 평균 증가율을 적용하였다.

정부지원금 및 기타 수입을 산출하기 위해 정부지원금은 보험료 예상 수입의 20%를 적용[44]하였고, 기타 수입은 보험료 수입 대비 기타 수입 비율의 3년 평균을 적용하였고, 이외에 기타 수입(가산금, 기타 징수금, 이자수입)은 명목 경제 성장률을 반영하였다(이영숙 외, 2024).

〈표 5-9〉 직장가입자 건강보험료율 및 지역가입자의 부과 점수 추이

(단위: %, 원)

구분	2017	2018	2019	2020	2021	2022	2023
직장 건강 보험료율	6.12	6.24	6.46	6.67	6.86	6.99	7.09
지역 부과 점수당 금액	179.6	183.3	189.7	195.8	201.5	205.3	208.4

주: 직장가입자 건강보험료 =보수월액 × 보험료율(가입자 부담 50% + 사용자 부담 50%)
지역가입자 건강보험료 부과 점수당 금액=201.5원(월보험료=보험료 부과 점수 × 점수당 금액)
「국민건강보험법」제73조 제1항에 따르면 건강보험료율은 8% 범위에서 심의위원회의 의결을 거쳐 대통령령으로 정하도록 하고 있음.
출처: 국민건강보험공단. (2024a). 2023년 건강보험 통계연보. p. 91.

---

[44] 국고는 매년 정부의 예산 범위 내에서 당해 연도 보험료 예상 수입액의 14%를, 건강증진기금은 당해 연도 보험료 예상 수입의 6%를 지원

나. 건강보험 재정지출 추계 방법

본 연구에서는 조성법을 기반으로 건강보험 지출 추계 모형을 구성하였다. 요양급여비 지출 증가 요인은 인구 요인과 소득 요인, 그리고 잔차 요인으로 구분할 수 있다.

[그림 5-7] 요양급여비 지출 증가 요인

구분	의료비 지출 항목	산출식	비고
인구 요인	(1인당) 요양급여비용	- 통계청 인구전망을 적용 - 진료 형태별(입원, 외래, 약국) 이용률 적용 - 순수 인구효과만 적용	
소득 요인	(1인당) 의료비지출 증가율	- 1인당 명목 GDP 증가율 적용 - 소득탄력도 1.0* (OECD, 2006)	소득탄력도: 0.8~1.2
잔차 요인	상대가격 기술변화 제도와 정책	(연구에서의 적용) - 구분하지 않고 잔차증가율 적용	

주: 의료비의 소득탄력도 1.0은 명목GDP가 1% 증가할 때 의료비 지출도 1% 증가함을 의미

인구 요인을 적용하기 위해 성별 연령별 통계청의 인구전망 자료를 적용하였고, 성별 연령별로 입원, 외래, 의약품의 의료이용 행태가 다르기 때문에, 아래의 수식과 같이, 개별 진료 형태별로 구분하여 통계청의 인구전망 자료를 적용하여 추계한 뒤 합산하였다.

$$\text{Exp}_t = \sum_{u=1}^{3} \sum_{s=1}^{2} \sum_{a=1}^{19} (\text{Exp}_{a,s,u,t} \times Pop_{a,s,u,t})$$

a= 5세 단위 19개 연령 그룹(0세, 1~4세, 5~9세, ..., 80~84세, 85세 이상)
s= 성별(남, 여)
u= 의료이용 유형별(입원, 외래, 약국 이용)

$Pop_{a,s,u,t}$ = 성별, 연령별 장래인구추계(통계청)

건강보험의 요양급여비 지출을 전망하기 위해 급여비 지출은 명목 GDP 대비 급여비 증가율을 적용하였다. 의료비의 소득탄력도 1.0을 기준치(baseline)로 설정하였는데, 이는 명목 GDP가 1% 증가할 때 의료비 지출도 1% 증가한다는 것을 의미하는 것으로, 잔차 증가율이 '1'로 수렴한다고 가정할 경우, 잔차 요인이 '1'로 수렴한다는 의미(Cost-containment)는 재정안정화 및 지출효율화 정책 등으로 인해 의료비 지출 증가가 향후에는 둔화된다는 것을 의미한다(이영숙 외, 2024).

의료 수요는 일반적으로 소득이 증가함에 따라 그리고 신의료기술이 발전함에 따라 증가하게 되는데, 위의 수식에서 의료 수요를 의료이용 유형별로 전망하기 위해서 본 연구에서는 입원, 외래, 의약품으로 구분하여 분석하였다. 그리고 의료수요 전망을 위해 시계열 회귀분석 방법 중 하나인 ARIMA 모형을 활용한 분석 결과를 적용하였다(이영숙 외, 2024).[45]

4. 건강보험 재정수입 및 재정지출 추계 결과

건강보험 수입은 2025년에 106.1조 원에서 2050년에 251.8조 원으로 증가하는 것으로 전망(건강보험료 상한인 8%를 적용)되었다. 연평균 보험료 수입의 증가율은 약 3.5%에 해당된다.

건강보험 재정지출은 2025년 105.2조 원에서 2033년에 160조 원으로 증가하여, 연평균 약 5.5% 증가하는 것으로 나타났다.

---

45) 분석 방법에 대한 자세한 내용은 이영숙 외(2024)를 참고

〈표 5-10〉 건강보험 수입 추계: 2025~2050년

(단위: 십억 원)

연도	보험료 수입	국고지원금	총수입
2025	93,087	13,032	106,119
2026	98,722	13,821	112,543
2027	104,572	14,640	119,212
2028	110,643	15,490	126,133
2029	114,986	16,098	131,084
2030	119,028	16,664	135,692
2031	123,144	17,240	140,384
2032	127,515	17,852	145,367
2033	131,947	18,473	150,420
2034	136,548	19,117	155,665
2035	141,167	19,763	160,930
2036	145,971	20,436	166,407
2037	150,940	21,132	172,072
2038	155,992	21,839	177,831
2039	161,019	22,543	183,562
2040	166,118	23,257	189,375
2041	171,265	23,977	195,243
2042	176,474	24,706	201,180
2043	181,770	25,448	207,218
2044	187,123	26,197	213,320
2045	192,648	26,971	219,619
2046	198,260	27,756	226,017
2047	203,918	28,548	232,466
2048	209,635	29,349	238,983
2049	215,297	30,142	245,439
2050	220,852	30,919	251,771

주: 기타 수입(연체금, 기타 징수금, 이자수입 등)은 제외함. 건강보험료 상한인 8%를 적용한 결과임.
　　국고지원금은 최근 3년간(21년~23년) 보험료 수입의 14%를 지원하고 있어, 이를 반영
출처: 저자 작성.

〈표 5-11〉 건강보험 지출 추계: 2025~2050년

(단위: 십억 원)

연도	요양급여비	건강검진	임신출산 진료비	관리운영비 등	총지출
2025	97,572	2,271	2,271	3,097	105,210
2026	103,557	2,358	2,358	3,216	111,488
2027	109,657	2,445	2,445	3,334	117,880
2028	115,986	2,532	2,532	3,454	124,504
2029	122,403	2,622	2,622	3,576	131,223
2030	129,042	2,709	2,709	3,695	138,154
2031	135,808	2,797	2,797	3,815	145,217
2032	142,772	2,887	2,887	3,938	152,484
2033	149,994	2,978	2,978	4,062	160,011
2034	157,327	3,069	3,069	4,185	167,650
2035	164,885	3,159	3,159	4,309	175,513
2036	172,657	3,252	3,252	4,435	183,595
2037	180,430	3,344	3,344	4,561	191,680
2038	188,356	3,436	3,436	4,687	199,916
2039	196,266	3,527	3,527	4,811	208,132
2040	204,256	3,618	3,618	4,935	216,426
2041	212,278	3,708	3,708	5,058	224,753
2042	220,176	3,799	3,799	5,182	232,957
2043	228,052	3,890	3,890	5,305	241,137
2044	235,854	3,981	3,981	5,429	249,244
2045	243,624	4,071	4,071	5,552	257,317
2046	251,343	4,160	4,160	5,674	265,338
2047	258,989	4,250	4,250	5,797	273,286
2048	266,515	4,341	4,341	5,920	281,117
2049	273,907	4,431	4,431	6,044	288,813
2050	281,178	4,522	4,522	6,168	296,391

출처: 저자 작성.

가. 추계 비교: 국회예산정책처(2023)

본 연구의 건강보험 추계 결과는 국회예산정책처(2023) 대비 수입 추계와 지출 추계 모두 작다.

〈표 5-12〉 건강보험 재정추계 비교: 국회예산정책처(2023)

(단위: 십억 원, %)

연도	총수입		총지출	
	본 연구	국회예산정책처	본 연구	국회예산정책처
2025	106.1	106.5	105.2	109.7
2026	112.5	114.9	111.5	121.6
2027	119.2	123.9	117.9	132.7
2028	126.1	133.7	124.5	144.4
2029	131.1	144.3	131.2	154.8
2030	135.7	155.6	138.2	166.1
2030	140.4	165.0	145.2	180.1
2032	145.4	175.2	152.5	195.1

출처: 임슬기. (2023). 2023~2032년 건강보험 재정전망 (현안보고서). 국회예산정책처. 이용하여 저자 작성.

제2절 노인장기요양보험

1. 선행연구[46]

가. 최인덕, 이상림, & 이정면. (2010). 노인 장기요양 보험 대상자 및 시설, 인력 추계. 사회보장연구, 26(2), 375-399.

H-P 인구추계 방법을 통해 미래 장기요양 서비스 이용자 수를 추계하였다. '건강인구 생잔율'(건강인구$_t$ / 건강인구$_{t-1}$)을 t시점 전체 노인인구에 적용하여 건강노인인구를 추정하고, 이를 통계청 노인인구 추계에서 차감하였다.

통계청의 연령별 추계인구와 국민건강보험공단 노인장기요양보험 자료의 장기요양서비스 이용자 수를 활용하였다.

나. 이은경. (2010). 노인장기요양보험 장기 재정추계. 재정포럼, 174, 6-25.

조성법을 활용하여, 대상 노인 수와 서비스 제공량, 비용 단가를 인승하여 장기요양 총급여비를 추계하였다. 장기요양보험 대상자를 전체 노인 중 장애가 발생하여 수발이 필요한 노인으로 정의하고, 장애 발생 확률과 수발 필요 확률을 추정하였다.

장애 발생 확률은 성(남, 여), 연령군(65세 미만, 65세 이상은 5세 단위)으로 셀을 구성하여, 장기요양보험 통계자료의 수혜자 비율을 적용해 추정하였고, 수발 필요 확률은 별도의 추계 없이 '1'로 가정하였다.

---

[46] 일부 이영숙 외(2024)에서 인용

다. 윤희숙, & 권형준. (2010). 노인장기요양보험 급여비용의 중장기 추계. 보건행정학회지, 20(1), 37-63.

OECD의 방식처럼 인구적 요인과 비인구적 요인을 최대한 고려하면서 PSSRU의 셀 기반으로 접근하였다. 인구 그룹을 연령, 성별, 독거 여부, 만성질환 유병률로 셀을 구분한 후, 각 셀의 서비스 이용 확률을 시설 및 재가 서비스로 분리하여 계산하였다.

추계 셀은 연령(5개), 성(2개), 만성질환 유무(2개), 독거 여부(2개)로 구분하여 총 40개로 구성하였고, 만성질병 확률과 독거 확률은 연령대 j와 성별 k에 따라 총 10개의 셀별로 나누고, 장기 이용 확률은 연령대 j, 성별 k와 더불어 만성질병 유무 및 독거 유무에 따라 총 40개 셀을 구분하여 추정하였다. 만성질병 확률 및 독거 확률은 로짓모형, 장기요양 이용 확률(시설, 재가, 미이용)은 다항로짓모형으로 추계하였다.

인구구조 변화와 가족구성 변화, 유병률의 변화, 비용 수준의 변화에 따른 셀별 인구수와 서비스 이용자 수를 추산하였다.

만성질환 유병률과 독거가구 비율은 현재 상태 유지(모형 1) 외에 증가 후 인구구조 변화 등 감안(모형2), 장기요양 판정기준 완화 고려(모형 3) 등을 가정하여 시나리오로 추정하였다. 장기요양서비스 추정 이용자 수는 통계청 추계 인구수에 만성질환 유병률과 독거 확률, 시설 및 재가 이용률을 곱하여 추계하였다.

급여비 지출과 관련하여 장기요양 부문 수가상승률은 생산성 상승에 따른 인건비 상승이 이루어지지 않아 물가상승률에 고정되는 것으로 가정하였고, 이용자당 시설 및 재가 이용의 평균 비용을 적용하여 총비용을 추정하였다.

라. 권순만 외. (2015). 노인장기요양 보험 재정추계 모형 연구 (정책연구용역 보고서). 국회예산정책처.

　PSSRU의 셀 방식 접근 모형(Cell-based Model)으로, 성별(2개), 연령별(5개), 만성질환 유무별(2개), 독거 여부별(2개), 소득분위별(4개) 기준으로 총 160개의 셀을 구분하였다.
　각각의 변수들은 건강보험 자료 중 가용한 변수를 활용하여 로지스틱 회귀분석한 결과, 장기요양 서비스의 이용에 유의한 것으로 확인되었다. 장래인구 수 추계는 통계청 추계 결과를 실제 인구에 맞추어 보정하여 이용하였다.
　만성질환 이환 확률은 건강보험 진료 DB를 이용하여 성별 혹은 연령대별로 회귀분석한 것으로, 독거 확률은 자격 DB를 이용한 연령대별 회귀분석으로 추정하였다.
　장기요양서비스 이용 확률은 장기요양 서비스(시설, 재가) 이용에 유의성이 낮은 소득분위를 제외하고, 성, 연령, 만성질환, 독거 변수를 사용하여 서비스별 이용 확률을 추정하였다.
　시설 및 재가 서비스 비용은 2010년의 장기요양서비스 이용 DB를 분석하여 연령, 성, 만성질환 유무, 독거 여부, 소득분위별 1인당 시설 및 재가 서비스 급여 비용을 산출하였다.

마. 이호용, & 문용필. (2017). 인구 고령화에 따른 노인장기요양 보험 재정전망. 사회보장연구, 33(2), 129-151.

　조성법에 기반한 추계 모델로, 통계청 장래인구 수 추계와 건보공단 인정자 자료를 이용하여 인정자 수를 전망하고, 1인당 급여비를 반영하여 총지출을 전망하였다.

인정자 수는 성별, 연령별 인구수 추계치에 성·연령·등급·자격별 인정자 비율을 반영하여 추계하였다. 성·연령·등급·자격은 총 1,776개 셀로 구성하였는데, 연령은 65세 미만(1개), 65세부터 1세 단위로 99세까지 (35개), 100세 이상(1개)으로 총 37개 셀로 구분하였다.

인정자 수에 대해 성·연령·등급·자격별 이용자 비율을 적용하여 전체 이용자 수를 추계하고, 여기에 각각의 1인당 급여비와 수가 인상률을 반영하여 요양급여비를 추계하였다. 수가 인상률은 명목임금 상승률, 평균 수가 인상률, 소비자물가 상승률 등을 적용하였다.

바. 박선아. (2023). 2023~2032년 노인장기요양보험 재정전망 (현안 보고서). 국회예산정책처.

조성법에 기반한 추계 모델로, 통계청 장래인구추계와 건보공단 인정자 실적 자료를 이용하여 인정자 수를 추계하고, 보험급여비는 수급자 수에 보험급여 비용과 공단 부담률을 곱하여 산출하였다.

수급자 수는 자격 유형(건강보험 일반가입자, 건강보험 경감 대상자, 국민기초생활보장 의료급여 수급자, 타법 의료급여 수급자), 연령대(65세 미만, 65~69세, 70~74세, 75~79세, 80세 이상), 장기요양 등급(1~5등급, 인지지원 등급), 서비스 유형(재가, 시설)으로 구분하여 전망하였다. 과거 코호트별 수급자 수 비중의 추이가 향후에도 유지되는 것으로 가정하여 코호트별 수급자 수를 각각 전망하고, 해당 코호트별 장기요양 급여 비용 추이와 공단 부담률 추이를 적용하여 산출하였다.

1인당 보험급여비는 수가 인상률을 적용하는데, 2023년은 실제 수가 인상률 4.7%를 적용하고, 이후에는 명목임금 상승률 전망치를 적용하였다.

2. 노인장기요양보험 이용 현황 기초분석

2023년 말 기준 노인장기요양보험(이하 '장기요양보험') 신청자는 142.9만 명이고, 신청자 중 판정자는 123.8만 명, 인정자는 109.8만 명으로, 노인인구 대비 인정률은 11.1%이다. 노인인구가 증가하는 가운데 인정자 수가 증가하며 인정률도 높아지고 있다. 노인인구 대비 인정률은 2015년 7.0%에서 2023년 11.1%로 1.6배가량 상승하였다.

〈표 5-13〉 노인장기요양보험 인정 현황

(단위: 명, %)

구분 (년도)	65세 이상 노인인구	신청자	판정자 (등급 내+등급 외)	인정자	판정 대비 인정률	노인인구 대비 인정률
2015	6,719,244	789,024	630,757	467,752	74.2	7.0
2016	6,940,396	848,829	681,006	519,850	76.3	7.5
2017	7,310,835	923,543	749,809	558,287	78.1	8.0
2018	7,611,770	1,009,209	831,512	670,810	80.7	8.8
2019	8,003,418	1,113,093	929,003	772,206	83.1	9.6
2020	8,480,208	1,183,434	1,007,423	857,984	85.2	10.1
2021	8,912,785	1,281,244	1,097,462	953,511	86.9	10.7
2022	9,377,049	1,348,961	1,160,850	1,019,130	87.8	10.9
2023	9,858,810	1,429,046	1,238,495	1,097,913	88.6	11.1

출처: 국민건강보험공단. 노인장기요양보험 통계연보. (각 연도).

전체 장기요양 수급자는 2015년 46.8만 명에서 지속적으로 증가해 2023년 109.8만 명으로 확대되었고, 인정자 수 대비 수급자 수 비율을 반영한 '이용률'은 코로나-19 감염 위기가 높았던 2020~2021년에 94%대로 하락했으나 2020년을 저점으로 상승세로 전환되어 2023년에는 97.8%에 있다. 급여 비용에 대한 공단의 부담률은 2015년 88.0%에서 2023년 91.0%로 높아졌다.

〈표 5-14〉 노인장기요양보험 인정 현황

(단위: 명, 억 원, %)

구분	인정자 (A)	수급자 (B)	급여 비용 (C)	공단부담금 (D)	이용률 (B/A)	부담률 (D/C)
2015	467,752	475,382	45,227	39,817	101.6	88.0
2016	519,850	520,043	50,052	44,177	100.0	88.3
2017	558,287	578,867	57,600	50,937	103.7	88.4
2018	670,810	648,792	70,671	62,992	96.7	89.1
2019	772,206	732,181	85,654	77,364	94.8	90.3
2020	857,984	807,067	98,248	88,827	94.1	90.4
2021	953,511	899,113	111,147	100,958	94.3	90.8
2022	1,019,130	999,451	125,742	114,442	98.1	91.0
2023	1,097,913	1,073,452	144,948	131,923	97.8	91.0

출처: 국민건강보험공단. 노인장기요양보험 통계연보. (각 연도).

장기요양보험 재정수입은 보험료, 국고지원금, 의료급여 부담금, 기타 수입으로 구분된다. 국고지원금은 의료급여 수급권자의 요양급여비와 관리운영비를 지원하기 위한 것으로, 해당 법에 당해 보험료 예상 수입의 20% 내로 규정되어 있다. 장기요양보험의 2023년도 수입은 장기요양보험료 10.4조 원(67.2%), 국고지원금 2.0조 원(13.0%), 의료급여 부담금 2.7조 원(18.7%), 기타 수입 0.4조 원(1.3%)이다. 이 중에서 보험료 수입 비율은 2017년 63.7%에서 2023년 67.2%로 3.5%p 높아졌고, 국고지원금은 11.3%에서 12.9%로 1.6%p 높아졌다. 2022년 대비로는 보험료 수입과 기타 수입 비율은 높아진 반면, 국고지원금과 의료급여 부담금 비율은 낮아졌다.

장기요양보험료는 건강보험 가입자를 대상으로 하여 건강보험료에 일정 비율로 부과[47]된다. 2008년 4.05%로 도입된 장기요양보험은 급증하

---

[47] 「노인장기요양보험법」 제9조(장기요양보험료의 산정) ① 장기요양보험료는 「국민건강보

는 재정 소요 증가에 대응하며 보험료율이 2017년 6.55%에서 2024년에 12.95%로 2배가량 높아졌다.

〈표 5-15〉 연도별 노인장기요양보험 수입 및 비중: 2017~2023년

(단위: 억 원, %)

구분	2017	2018	2019	2020	2021	2022	2023
▪ 수 입	51,430	61,533	76,203	96,138	117,519	138,948	154,750
- 장기요양보험료	32,772	39,245	49,526	63,568	78,886	92,975	103,927
- 국고지원금	5,822	7,107	8,912	12,414	15,190	18,052	19,916
- 의료급여 부담금	12,081	14,347	16,853	19,463	22,370	26,052	27,216
- 기타 수입	755	833	913	692	1,073	1,869	3,692
▪ 전체 수입 중 비율							
- 장기요양보험료	63.7	63.8	65.0	66.1	67.1	66.9	67.2
- 국고지원금	11.3	11.5	11.7	12.9	12.9	13.0	12.9
- 의료급여 부담금	23.5	23.3	22.1	20.2	19.0	18.7	17.6
- 기타 수입	1.5	1.4	1.2	0.7	0.9	1.3	2.4

출처: 국민건강보험공단. 노인장기요양보험 통계연보. (각 연도).

2024년 건강보험료율은 전년도 수준으로 동결된 반면, 장기요양보험료율은 소폭이나마 인상되었다. 건강보험료와 비교한 2024년 장기요양보험료율은 전년 대비 1.09% 상승한 12.95%이고, 소득과 비교한 보험료율은 전년 대비 0.9% 상승한 0.9182%이다.

험법」 제69조 제4항 및 제5항에 따라 산정한 보험료액에서 같은 법 제74조 또는 제75조에 따라 경감 또는 면제되는 비용을 공제한 금액에 장기요양보험료율을 곱하여 산정한 금액으로 한다. ② 제1항에 따른 장기요양보험료율은 제45조에 따른 장기요양위원회의 심의를 거쳐 대통령령으로 정한다.

〈표 5-16〉 건강보험 및 노인장기요양보험 보험료율 추이: 2017~2024년

(단위 : %)

구 분	건강보험		노인장기요양보험		소득 대비 보험료율	
	보험료율	증가율	보험료율	증가율	보험료율	증가율
2017	6.12	-	6.55	-	0.40	-
2018	6.24	2.0	7.38	12.67	0.46	14.9
2019	6.46	3.5	8.51	15.31	0.55	19.4
2020	6.67	3.3	10.25	20.45	0.68	24.4
2021	6.86	2.9	11.52	12.39	0.79	15.6
2022	6.99	1.9	12.27	6.51	0.86	8.5
2023	7.09	1.5	12.81	4.40	0.910	5.9
2024	7.09	0.0	12.95	1.09	0.9182	0.90

출처: 국민건강보험공단의 건강보험 통계연보와 노인장기요양보험 통계연보. (각 연도). 이용하여 저자 작성.

3. 지출 추계

　장기요양보험 지출은 급여비, 관리운영비, 기타 지출 3개 항목을 각각 추계하여 합산하였다. 급여비는 수급자 수 및 1인당 평균 급여비를 산출하여 추계하였고, 관리운영비와 기타 지출은 급여비 추계의 일정 비율이 유지되는 것으로 하여 추계하였다.

　수급자 수는 장례인구추계(통계청, 2023)를 의료보장 적용 인구로 환산하여 성별, 연령대, 등급을 구분하고, 이렇게 구성된 최종 셀에 등급률과 수급률을 적용하여 추계하였다. 따라서 급여비 추계는 연령대별, 성별, 등급별, 급여 유형별 4개 항목이 결합하는 셀(cell) 단위에 기반한다 (이영숙 외, 2024).[48] 성별은 남과 여 2개 셀, 연령대는 65세 미만은 하나의 연령대로 구분하고 주 이용 그룹인 65세 이상은 5세 단위로 하여 총

---
[48] 자세한 내용은 이영숙 외(2024)를 참고

6개 셀, 등급은 현행 1~5등급과 인지지원 등급의 6개 셀, 급여 유형은 재가와 시설 2개 셀로 구분하여, 재정추계 셀은 총 144개가 된다. 1인당 급여비는 단가 차이를 반영하기 위해 재가와 시설로 구분한다. 장기요양 급여비는 이들 셀 각각에서 수급자 수와 1인당 평균 급여비를 산출하고, 이를 곱한 값을 최종 합산하는 방식으로 추계하였다.

$$\text{Exp}_t = \sum_{a=1}^{6}\sum_{s=1}^{2}\sum_{g=1}^{6}\sum_{u=1}^{2} (\text{수급자수}_{a,s,g,u,t} \times \text{1인당 평균급여비}_{a,s,u,t})$$

단, a= 6개 연령 그룹(65세 미만, 65~69세, …, 80~84세, 85세 이상)
　　s= 성별(남, 여), g= 장기요양 등급(1~5등급, 인지지원 등급)
　　u= 장기요양 급여 유형별(재가, 시설)

급여비는 2023년 실적치를 기반으로 하여 2024~2050년 기간에 대해 추계하였다. 단, 이영숙 외(2024)[49]에서와 동일하게 공개되는 통계의 셀 단위 정보의 불완전성(등급별·성별·급여별 통계의 경우 연령대는 65세 미만과 65세 이상으로만 구분, 5세 단위 연령대·성별·급여별 통계의 경우 등급별 정보 부재 등) 문제를 해결하기 위해 몇 가지 가정을 전제로 하였다.

가. 수급자 수 추계

장기요양 '수급자 수'는 연령대별·성별·등급별·급여별 셀로 구분되어, 각 셀에서 의료보장 적용 인구, 등급자 수, 등급별 인정자 수, 등급별 수

---

[49] 자세한 내용은 이영숙 외(2024)를 참고

급자 수, 재가 및 시설 수급자 수를 단계적으로 산출하였다. 단계별로 장래인구추계(통계청, 2023)에서 의료보장 적용 인구로 환산한 비율, 인구 대비 인정자 비율, 인정자 중 등급별 비율, 등급별 수급자 비율, 수급자 중 재가 및 시설 비율의 추정치가 필요한데, 이는 최근 2023년 장기요양보험 통계자료를 통해 산출하여 2024~2050년 동안 유지되는 것으로 가정하였다.

나. 1인당 급여비 추계

2023년 장기요양보험 통계연보 자료를 이용하여 연령별, 성별, 등급별, 급여 유형별로 구성되는 셀에서 재가와 시설의 1인당 급여비를 추계하였다. 단, 장기요양보험 통계연보에서는 셀을 구성하는 4개 항목 간 결합 정보가 제공되고 있지 않아, 등급별 1인당 재가 및 시설의 평균 급여비를 동일하게 적용하였다.

1인당 급여비의 연도별 증가 추이는 장기요양보험 통계연보의 2020~2023년[50]의 4년간 평균 증가율을 구하여 동 수준이 추계 기간 동안 유지되는 것으로 가정한다.

다. 관리운영비 및 기타 지출 추계

관리운영비와 기타 지출은 급여비 대비 비율을 반영하여 추계하였다. 2023년 실적 기준 관리운영비 비율은 급여비의 2.4%, 기타 지출은 0.8%이다. 동 비율은 추계 기간 동안 유지되는 것으로 가정하였다.

---

50) 2018~2019년 통계는 정책 영향이 반영되어 모든 등급의 급여비 증가율이 두 자리 대로 높게 나타나 평균 증가율 산출 시 포함하지 않았다.

4. 수입 추계

장기요양보험의 재정수입을 구성하는 보험료 수입, 국고지원금, 의료급여 부담금, 기타 수입의 각 항목은 산출하여 최종 합산하는 방식으로 추계하였다.

보험료 수입은 건강보험 수입 추계에 장기요양보험료율을 곱하는 방식이다. 건강보험료 수입은 앞 장의 건강보험 보험료 수입 추계치로 하였다. 장기요양보험료율은 2023~2024년은 12.81%, 12.95%의 실제값을 적용하고, 2025년부터는 매년 2018년과 2022~2024년[51] 4년간 평균 인상폭 0.57%p를 동일하게 적용하였다. 장기요양보험의 경우 건강보험과 달리 보험료 상한에 대한 법상 규정이 없어서 기간 중 보험료율이 지속적으로 인상되는 것으로 하였다. 단, 매년 보험료율을 동일한 증가폭만큼 인상시킴에 따라 보험료율의 전년 대비 증가율은 낮아지게 된다.

〈표 5-17〉 장기요양보험료율 추이: 2023~2050년

(단위: %)

2023	2024	2025	2030	2035	2040	2045	2050
12.81	12.95	13.51	16.34	19.17	21.99	24.82	27.64

주: 2023~2024년 값은 실제치이고, 2025~2050년 값은 가정치임.
출처: 저자 작성.

국고지원금 등 나머지 수입 항목은 보험료 수입의 일정 비율이 유지되는 것으로 가정하여 추계하였다. 국고지원금(②)은 2018~2022년의 5년간의 보험료 수입액 대비 비율의 평균치인 18.9%를 적용하였다.

---

51) 보험료율의 전년 대비 증가율이 10%를 상회하는 2018~021년 값은 제외하였다.

의료급여 부담금(③)은 최근의 하락세를 반영하여 2022년 보험료 수입 대비 의료급여 부담금 비율 28.0%가 유지되는 것으로 가정한다. 기타 수입(④)은 하락세를 보인 후 최근 상승한 점을 감안하여 2018~2022년의 5년간의 보험료 수입 대비 기타 수입 비율의 평균치인 1.7%가 유지되는 것으로 가정하였다.

5. 추계 결과

가. 수입 추계 결과

장기요양보험 수입은 상술한 전제에 따라 2025년 18.7조 원에서 2050년에 90.9조 원으로 증가하는 것으로 추계된다. 이 중에서 보험료 수입은 기간 중 12.6조 원에서 61.0조 원으로 증가하는 것으로 추계되었다. 이외에 국고지원금은 0.3조 원에서 1.2조 원으로, 의료급여 부담금은 0.3조 원에서 1.6조 원으로 증가하는 것으로 추계되었다.

나. 지출 추계 결과

장기요양보험 지출은 상술한 가정을 전제로 하여 2025년 16.4조 원에서 2050년에는 138.2조 원으로 증가하는 것으로 추계되었다.

⟨표 5-18⟩ 노인장기요양보험 수입 추계: 2025~2050년

(단위: 십억 원)

연도	보험료 수입	국고지원금	의료급여	기타	총수입
2025	12,581	2,411	3,295	447	18,733
2026	13,900	2,664	3,640	494	20,698
2027	15,315	2,935	4,010	544	22,804
2028	16,829	3,225	4,407	598	25,059
2029	18,139	3,476	4,750	644	27,010
2030	19,449	3,727	5,093	691	28,960
2031	20,817	3,989	5,452	740	30,998
2032	22,277	4,269	5,834	791	33,171
2033	23,797	4,560	6,232	845	35,434
2034	25,398	4,867	6,651	902	37,818
2035	27,055	5,184	7,085	961	40,285
2036	28,800	5,519	7,542	1,023	42,884
2037	30,633	5,870	8,022	1,088	45,614
2038	32,540	6,236	8,521	1,156	48,453
2039	34,498	6,611	9,034	1,226	51,369
2040	36,529	7,000	9,566	1,298	54,393
2041	38,629	7,402	10,116	1,372	57,520
2042	40,801	7,819	10,685	1,450	60,754
2043	43,052	8,250	11,274	1,530	64,106
2044	45,377	8,696	11,883	1,612	67,568
2045	47,806	9,161	12,519	1,698	71,184
2046	50,318	9,643	13,177	1,788	74,926
2047	52,907	10,139	13,855	1,880	78,780
2048	55,574	10,650	14,553	1,974	82,752
2049	58,292	11,170	15,265	2,071	86,798
2050	61,043	11,698	15,986	2,169	90,896

주: 보험료 수입은 건강보험의 보험료 수입 추계(제4장 내용)를 전제로 함.
출처: 저자 작성.

〈표 5-19〉 노인장기요양보험 지출 추계: 2025~2050년

(단위: 십억 원)

연도	급여비	관리운영비	기타	총지출
2025	15,914	383	125	16,423
2026	17,308	417	136	17,861
2027	19,118	460	151	19,729
2028	21,021	506	166	21,692
2029	22,843	550	180	23,573
2030	24,935	600	196	25,732
2031	26,878	647	212	27,736
2032	29,437	709	232	30,377
2033	32,195	775	254	33,224
2034	35,107	845	277	36,229
2035	38,595	929	304	39,828
2036	42,080	1,013	331	43,424
2037	46,020	1,108	362	47,491
2038	50,328	1,212	396	51,936
2039	54,889	1,321	432	56,643
2040	60,506	1,457	477	62,439
2041	66,376	1,598	523	68,497
2042	72,263	1,740	569	74,572
2043	78,812	1,897	621	81,330
2044	85,592	2,061	674	88,327
2045	93,247	2,245	734	96,226
2046	101,425	2,442	799	104,666
2047	108,991	2,624	858	112,474
2048	117,283	2,824	924	121,031
2049	125,335	3,018	987	129,340
2050	133,883	3,223	1,055	138,161

출처: 저자 작성.

다. 추계 비교: 국회예산정책처(2023)

본 연구의 장기요양보험 수입 추계 결과는 국회예산정책처(박선아, 2023) 대비 크고, 지출 추계 결과는 작다.

〈표 5-20〉 노인장기요양보험 재정추계 비교: 국회예산정책처(2023)

(단위: 십억 원,%)

연도	총수입		총지출	
	본 연구	국회예산정책처	본 연구	국회예산정책처
2025	18,733	18,351	16,423	18,229
2026	20,698	20,152	17,861	20,286
2027	22,804	22,067	19,729	22,381
2028	25,059	24,070	21,692	24,579
2029	27,010	26,180	23,573	26,985
2030	28,960	28,427	25,732	29,321
2030	30,998	30,330	27,736	32,099
2032	33,171	32,399	30,377	34,729

출처: 박선아. (2023). 2023~2032년 노인장기요양보험 재정전망 (현안보고서). 국회예산정책처. 이용하여 저자 작성.

제3절 의료급여 등

본 절에서는 (1) 의료급여와 (2) 장기요양보험의 의료급여 수급자분을 추계한다. 추계는 의료 및 요양 부문 각각의 통합적 관점에서, 앞에서 추계된 건강보험과 장기요양보험 지출액을 기반으로 하였다. 즉, 의료급여 부담금은 건강보험 급여비 추계를 통해, 의료급여 수급권자의 장기요양 부담금은 장기요양보험 부담금 추계를 통해 추계하였다.

1. 의료급여

의료급여 재정은 1인당 평균 부담금에 해당 인구수를 곱하여 추계하였다. 이 중에서 의료급여의 1인당 평균 부담금은 제2절의 건강보험 급여비 추계치를 의료보장인구 1인당 평균 급여비[52]로 환산하고, 여기에 1인당 평균 건강보험 급여비 대비 의료급여 부담금 비를 적용하는 방식으로 추계하였다. 해당 인구수는 건강보험 통계연보의 2023년 의료보장인구에 통계청 장래인구추계(2023)에서 전년 대비 증가율을 적용하여 추계하였다. 단, 건강보험 및 의료급여 지출 모두 연령대의 영향이 크다는 점을 감안하여 통계연보의 5세 단위 연령대별로 추계하였다.

$$\text{의료급여 지출}_t = \sum_{t,i=0세}^{85+} \{1\text{인당 평균 부담금}_{t,i} \times \text{인구수}_{t,i}\}$$

단, 1인당 평균 부담금$_{t,i}$

$$= \text{건강보험 1인당 평균 급여비}_{t,i} \times \left(\frac{\text{의료급여 1인당평균부담금}_{t,i}}{\text{건강보험1인당평균급여비}_{t,i}}\right)$$

---

[52] 재정추계는 수급자 수 대신 의료보장인구 추계를 기반으로 하는 것으로, 의료보장인구 중 수급자 비율이 유지되는 것을 전제로 하였다.

$$\text{인구수}_{t,i} = 2023\text{년 의료보장인구}_{t,i} \times \text{통계청 장래인구추계}_{t,i} \text{ 전년 대비 증가율}$$
$$t = 2024\text{년}, 2025\text{년}, \cdots, 2050\text{년}, \quad i = 0\text{세}, 1 \sim 4, 5 \sim 9, \cdots, 80 \sim 84, 85+$$

최근 2023년 실적 기준 의료급여 수급자는 161만 명으로 건강보험 수급자 4,892만 명의 3.3% 수준이다. 2023년 의료보장인구 5,297만 명을 기준으로 의료급여 수급자는 3.0%, 건강보험 수급자는 92.4%이다. 의료급여 부담금[53]은 2023년에 10조 8,809억 원으로 건강보험 급여비 83조 925억 원의 13.1%에 해당된다. 반면에 의료급여 수급자 1인당 평균 부담금은 6.8백만 원으로, 건강보험 수급자 1.7백만 원 대비 4.0배 크다.

〈표 5-21〉 의료급여와 건강보험의 주요 통계 비교: 2023년 실적 기준

연도	의료급여(A)	건강보험(B)	비율, 비(A/B)
의료보장인구(만 명)	5,297	5,297	-
진료 실인구수(만 명)	161	4,892	3.3%
	(3.0%)	(92.4%)	
부담금, 급여비(십억 원)	10,880.9	83,092.5	13.1%
1인당(백만 원)	6.8	1.7	4.0배

출처: 국민건강보험공단. (2024a, 2024b). 의료급여 통계연보와 건강보험 통계연보. 이용하여 저자 작성.

2023년 기준 연령대별 의료보장인구의 수급자 비율을 보면 건강보험은 88.1~102.2%(전체 평균 92.4%)에서 분포하고, 의료급여는 1.0~13.7%(3.0%)에서 분포한다. 건강보험 수급자 비율은 10대 중반까지 저연령층과 80세 이상 고령층에서 95%를 상회하는 수준으로 높고, 의료급여 수급자 비율은 50대 중반부터 4%를 상회해 높아지는데, 건강보

---

53) 국민건강보험공단(2024a)의 건강보험 통계연보의 실적 기준으로, 국비와 지방비가 더해진 값이다.

험과 의료급여 모두 85세 이상 수급자 비율이 급격히 높아진다.

[그림 5-8] 의료보장인구 대비 건강보험 및 의료급여 수급자 비율: 2023년, 연령대별

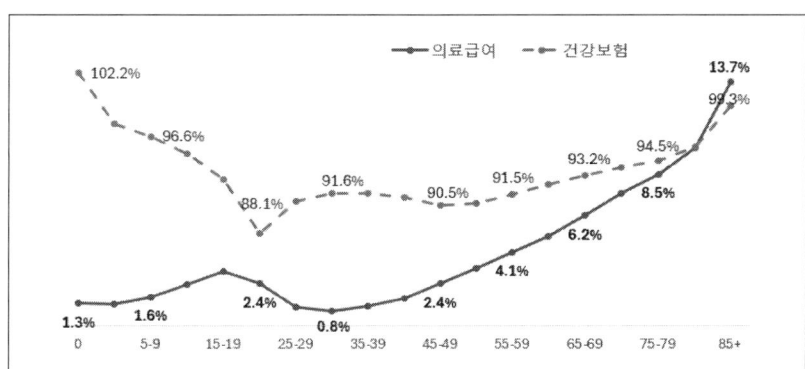

출처: 국민건강보험공단. (2024a, 2024b) 건강보험 통계연보와 의료급여 통계연보. 이용하여 저자 작성.

2023년 기준 연령대별 수급자 1인당 평균 건강보험 급여비와 의료급여 부담금은 대체로 연령대가 높아질수록 커지는 모습이다. 1~9세까지 건강보험 1인당 급여비가 의료급여보다 크나 10세 이상에서 의료급여 1인당 부담금이 큰데, 특히 30~74세의 격차가 크다.

2023년 기준 건강보험 대비 의료급여 수급자 비를 연령대별로 살펴보면, 의료급여 수급권자의 연령대별 분포 특성이 반영되어 연령대가 높은 50~54세부터 전체 평균 3.3%를 상회하기 시작해 80세 이상은 10%를 초과하는 것으로 나타난다. 연령대별 수급자 1인당 평균 건강보험 급여비 대비 의료급여 부담금 비는 0세를 제외하면 1.0을 상회하는데, 특히 35~54세에서 전체 평균 4.0배 보다 크고 이보다 연령대가 낮아지거나 높아질수록 작아지는 모습이다. 65세 이상에서는 연령대가 높아질수록 부담금 비가 감소하기는 하나 의료급여 부담금이 건강보험 급여비 대비 1.4~2.4배로 여전히 높다.

[그림 5-9] 의료보장인구 대비 건강보험 및 의료급여 수급자 비율: 2023년, 연령대별

(단위: 백만 원)

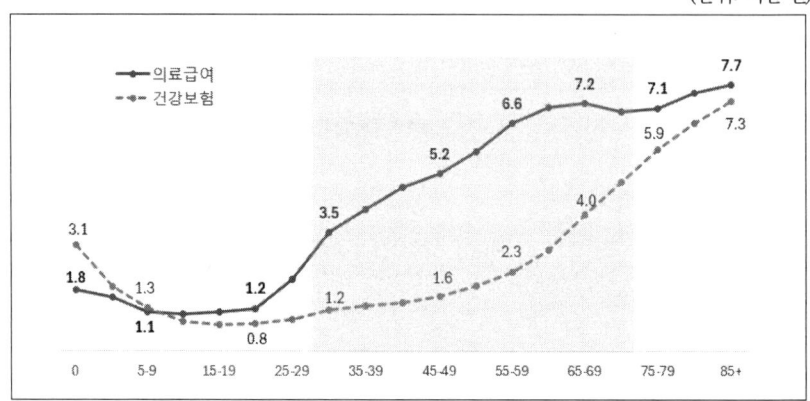

출처: 국민건강보험공단. (2024a, 2024b) 건강보험 통계연보와 의료급여 통계연보. 이용하여 저자 작성.

[그림 5-10] 건강보험 대비 의료급여 수급 현황 비교: 2023년, 연령대별

(단위: %, 배)

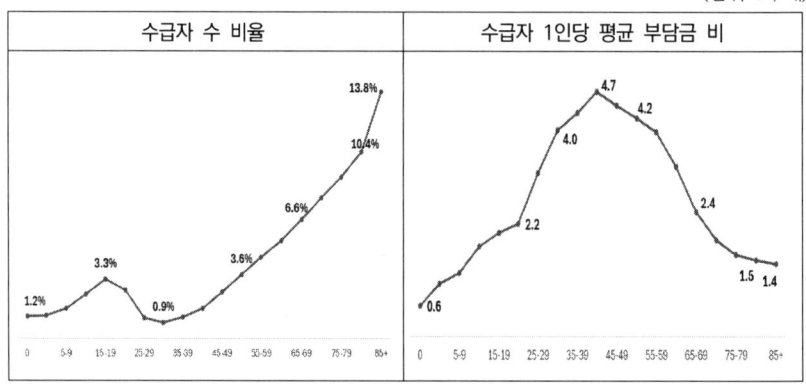

출처: 국민건강보험공단. (2024a, 2024b) 건강보험 통계연보와 의료급여 통계연보. 이용하여 저자 작성.

의료급여 재정추계에는 건강보험 급여비 재정추계 외에 ① 건강보험의 의료보장인구 연령대별 1인당 평균 급여비(A), ② 의료급여의 의료보장인구 연령대별 1인당 평균 부담금(B), ③ 연령대별 1인당 평균 건강보험 급여비 대비 의료급여 부담금 비(=B/A), ④ 통계청 장래인구추계를 활용한 연령대별 의료보장인구 추계치가 필요하다.

우선, 건강보험의 의료보장인구 연령대별 1인당 평균 급여비는 제2절의 건강보험 급여비 추계치에 2023년 건강보험 통계에서 구한 전체 1인당 평균 급여비 대비 연령대별 1인당 평균 급여비의 상대 비를 적용하여 산출하였다(①). 연령대별로 동 상대 비는 20~24세에서 0.32를 저점으로 하고, 연령대가 이보다 낮아지거나 높아지면서 상승한다. 동 상대 비는 0세와 60세 이상 연령대에서 '1'을 상회하여 전체 1인당 평균 급여비 대비 급여비가 큰데, 특히 70세 이상 고령인구의 급여비는 전체 평균과 비료하면 2~3배가량 높은 것으로 나타난다.

[그림 5-11] 건강보험 1인당 평균 급여비의 연령대별 상대 비: 2023년 기준, 전체 평균 대비

(단위: 배)

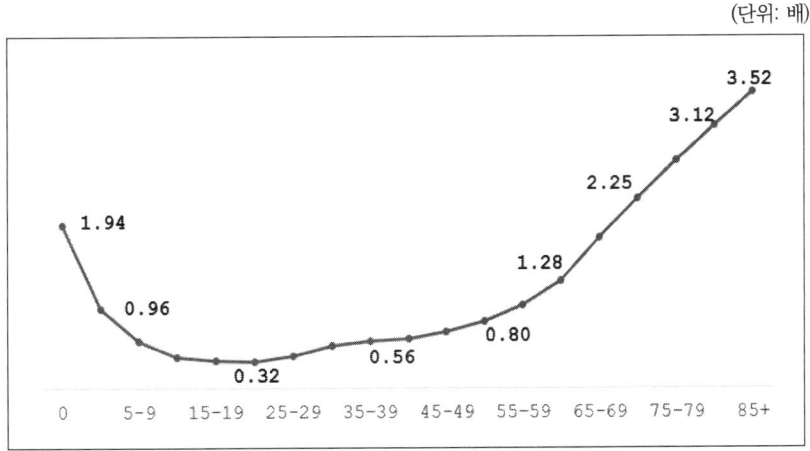

주: 전체 1인당 평균 급여비 대비 연령대별 1인당 평균 급여비의 상대 비로 산출함.
출처: 국민건강보험공단. (2024a) 건강보험 통계연보. 이용하여 저자 작성.

다음으로, 의료급여의 의료보장인구 연령대별 1인당 평균 부담금은 위에서 구한 연령대별 건강보험 1인당 평균 급여비에 2023년 기준 연령대별 '건강보험 급여비 대비 의료급여 부담금 비'를 적용하여 산출하였다. 연령대별 상대 비는 건강보험 통계연보(국민건강보험공단, 2024a)와 의료급여 통계연보(국민건강보험공단, 2024b)를 이용해 구하고, 향후 동일한 구조로 유지되는 것으로 하였다(②).

의료보장인구 1인당 평균 의료급여 부담금은 55세 이상 연령대에서 전체 평균 대비 높게 나타난다. 또한 연령대별 1인당 평균 의료급여 부담금은 건강보험 대비 49세 미만의 경우 작고, 50세 이상에서 커진다. 특히, 건강보험 급여비 대비 의료급여 부담금 비는 80세 이상에서 양 격차가 더욱 확대되는 모습이다.

[그림 5-12] 건강보험 급여비 및 의료급여 부담금의 연령대별 상대 비
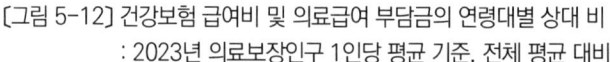
: 2023년 의료보장인구 1인당 평균 기준, 전체 평균 대비

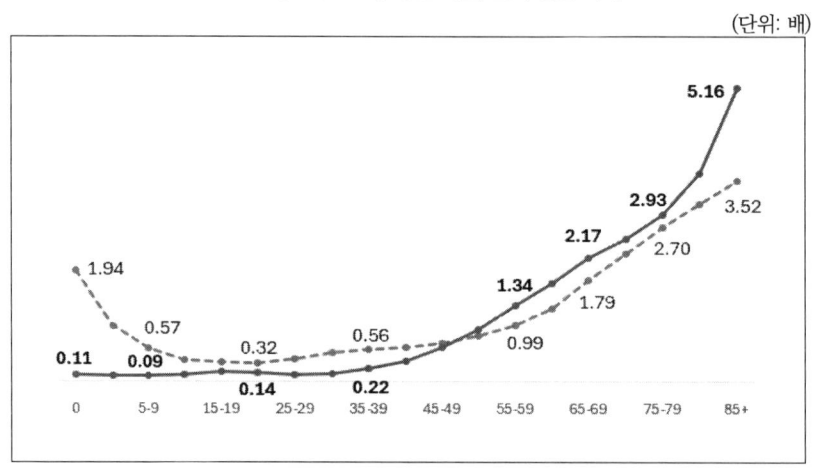

주: 건강보험과 의료급여에서 전체 1인당 평균 급여비(부담금) 대비 연령대별 1인당 평균 급여비(부담금)의 상대 비로 산출함.
출처: 국민건강보험공단. (2024a, 2024b) 건강보험 통계연보와 의료급여 통계연보. 이용하여 저자 작성.

동 자료를 결합하여 의료보장 1인당 평균 '건강보험 급여비(①) 대비 의료급여 부담금(②)의 상대 비'를 구하면, 대체로 연령대에 비례하여 커지는 모습이다(③).

[그림 5-13] 의료보장인구 기준 건강보험 대비 의료급여 부담금 비: 2023년, 연령대별

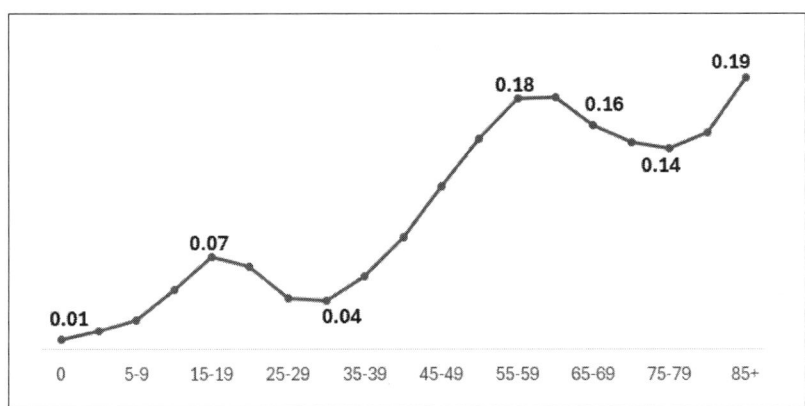

출처: 국민건강보험공단. (2024a, 2024b) 건강보험 통계연보와 의료급여 통계연보. 이용하여 저자 작성.

마지막으로, 2024~2050년의 연도별·연령대별 의료보장인구는 2023년 건강보험 통계연보의 연령대별 의료보장인구에 통계청 장래인구추계(2023)의 전년 대비 인구증가율을 적용하여 산출하였다(④).

이렇게 구한 ①, ③, ④를 결합하여 2024~2050년 의료급여를 추계하면 아래의 표와 같다. 의료급여는 2025년 13.5조 원에서 2050년 63.9조 원으로 증가하는 것으로 추계된다. 이 중 국비는 2024년 평균 국고보조율 75.7%가 추계 기간 중 유지되는 것으로 가정하여 산출하였다. 그 결과, 의료급여의 국비 부담분은 2025년 10.2조 원에서 2050년 48.4조 원으로 증가하는 것으로 추계된다.

〈표 5-22〉 의료급여 지출 추계: 2025~2050년

(단위: 십억 원)

연도	건강보험 급여비	의료급여 부담금(A+B)	국비(A)	지방비(B)
2025	97,572	13,497	10,217	3,280
2026	103,557	14,710	11,136	3,575
2027	109,657	16,002	12,114	3,888
2028	115,986	17,373	13,152	4,222
2029	122,403	18,766	14,206	4,560
2030	129,042	20,257	15,335	4,923
2031	135,808	21,777	16,485	5,292
2032	142,772	23,414	17,724	5,690
2033	149,994	25,145	19,035	6,110
2034	157,327	26,933	20,389	6,545
2035	164,885	28,851	21,840	7,011
2036	172,657	30,827	23,336	7,491
2037	180,430	32,867	24,880	7,987
2038	188,356	34,994	26,490	8,503
2039	196,266	37,152	28,124	9,028
2040	204,256	39,468	29,877	9,591
2041	212,278	41,830	31,666	10,165
2042	220,176	44,179	33,443	10,735
2043	228,052	46,603	35,279	11,325
2044	235,854	49,030	37,116	11,914
2045	243,624	51,552	39,025	12,527
2046	251,343	54,129	40,976	13,153
2047	258,989	56,598	42,845	13,753
2048	266,515	59,106	44,743	14,363
2049	273,907	61,514	46,566	14,948
2050	281,178	63,940	48,402	15,537

주: 건강보험 급여비는 〈표 5-11〉의 추계 결과를 원용함.
출처: 저자 작성.

2. 장기요양보험의 의료급여 수급자분

 앞에서 추계한 장기요양보험의 공단부담금은 자격을 구분하지 않은 전체 값으로, 본 절에서는 이 중 의료급여 수급권자에 해당하는 부분을 추계한다. 의료급여 수급권자에게 국가와 지방자치단체가 장기요양 비용을 부담하는 것은 「의료급여법」 제3조 제1항 제1호에 해당하는 수급권자라면 지자체가 전액을 부담하고, 이외의 수급권자라면 지자체는 국고보조분 이외의 금액을 부담한다.
 장기요양 지출 중 의료급여 수급자 부분은 본 장 제3절에서 산출한 장기요양보험의 공단부담금 추계치에 의료급여자의 부담금 비율을 적용하는 방식으로 추계하였다. 이 중에서 국비는 의료급여자의 부담금 중 비중이 높은 지자체 비율을 산출하여 적용하고 나머지로 추계하였다.

 의료급여자 지출$_t$ = 장기요양 부담금 추계$_t$ × 의료급여자 비율$_t$
  단, t = 2024년, 2025년, …, 2050년

 장기요양 급여비 중 의료급여 수급자분은 2015년 19.1%에서 2019년에 18.7%로 하락세를 보였고, 이후 코로나-19 감염 위기 시기에 19.1%로 상승한 후 최근 2023년에는 18.4%로 하락하였다. 장기요양 급여비에서 본인부담금을 제외한 공단부담금 중 의료급여 수급자분 역시 2015~2023년 동안 21.6%에서 20.2%로 하락하였다. 이러한 하락세를 반영하여 2024~2027년 의료급여 수급자의 장기요양 공단부담금 비율은 2023년 20.2%에서 2021~2023년 3년간의 전년 대비 평균 감소폭(-0.003)만큼 하락하는 것으로 하여 구하였고, 이후에는 2027년의 19.0%가 유지되는 것으로 하였다.

[그림 5-14] 장기요양보험 지출의 의료급여 수급자 비율 추이: 2015~2023년

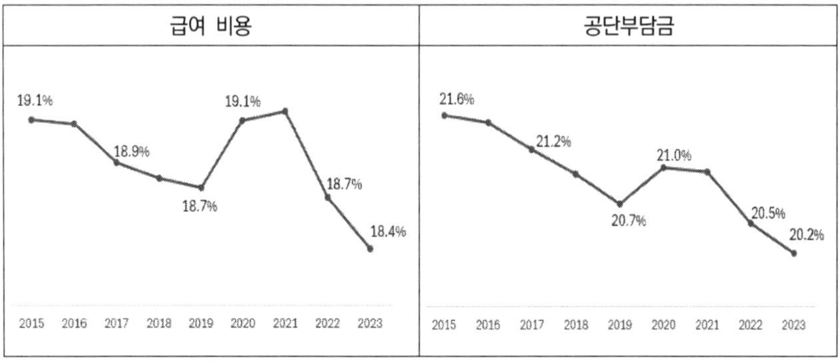

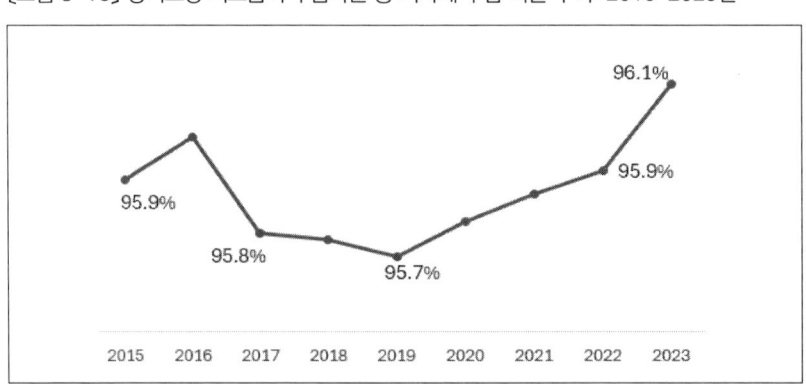

출처: 국민건강보험공단. (2024c). 노인장기요양보험 통계연보. 이용하여 저자 작성.

장기요양 부담금의 의료급여자분 중 지자체가 부담하는 비율은 2015년 95.9%에서 2023년에 96.1%로 높아졌다. 이러한 상승세를 반영하기 위해 의료급여자 비율에서와 동일한 방식으로, 2024~2027년의 지자체 부담 비율은 2023년 96.1%에서 2021~2023년의 전년 대비 평균 상승 폭(0.0009)만큼 상승하는 것으로 하였고, 이후에는 2027년의 96.5%가 유지되는 것으로 가정하였다.

[그림 5-15] 장기요양 의료급여 수급자분 중 지자체 부담 비율 추이: 2015~2023년

출처: 국민건강보험공단. (2024c). 노인장기요양보험 통계연보. 이용하여 저자 작성.

이렇게 구한 장기요양 부담금 중 의료급여 수급자분은 2025년 3.1조 원에서 2050년에 25.4조 원으로 증가하는 것으로 추계되었다. 기간 중 국비 부담분은 0.1조 원에서 0.9조 원으로 증가한다.

〈표 5-23〉 장기요양 부담금 중 의료급여 수급자분 추계: 2025~2050년

(단위: 십억 원)

연도	장기요양 부담금	의료급여 수급자분 (A+B)	국비 (A)	지방비 (B)
2025	15,914	3,113	116	2,997
2026	17,308	3,335	121	3,214
2027	19,118	3,628	129	3,499
2028	21,021	3,989	141	3,847
2029	22,843	4,335	154	4,181
2030	24,935	4,732	168	4,564
2031	26,878	5,100	181	4,920
2032	29,437	5,586	198	5,388
2033	32,195	6,109	216	5,893
2034	35,107	6,662	236	6,426
2035	38,595	7,324	260	7,064
2036	42,080	7,985	283	7,702
2037	46,020	8,733	309	8,423
2038	50,328	9,550	338	9,212
2039	54,889	10,415	369	10,046
2040	60,506	11,481	407	11,074
2041	66,376	12,595	446	12,149
2042	72,263	13,712	486	13,226
2043	78,812	14,955	530	14,425
2044	85,592	16,242	576	15,666
2045	93,247	17,694	627	17,067
2046	101,425	19,246	682	18,564
2047	108,991	20,682	733	19,949
2048	117,283	22,255	789	21,466
2049	125,335	23,783	843	22,940
2050	133,883	25,405	900	24,505

주: 장기요양 부담금은 〈표 5-18〉의 추계 결과를 원용함.
출처: 저자 작성.

제4절 시나리오: 요양병원 이용 관련

본 절에서는 의료·요양이 연계되는 부분으로 건강보험과 장기요양보험 각각에서 요양병원 현황을 살펴본다. 우리나라의 경우 의료와 요양·돌봄 서비스가 분절적으로 이루어지고 있어, 두 기능이 동시에 이루어지는 요양병원은 의료에서는 건강보험 재정에, 요양에서는 장기요양보험 재정에 영향을 미치게 된다. 현재 요양병원 이용 중에는 요양 기능을 중심으로 의료 기능이 결합되며 사회적 비용이 필요 이상으로 발생되는 부분이 있다. 이는 건강보험의 재정 효율성을 낮추는 요인으로, 향후 의료·요양의 복합적 니즈를 갖는 후기 고령인구가 빠르게 증가하는 시기에 건강보험 재정에 미치는 부담이 우려되는 부분이다. 이러한 점에서 본 절에서는 최근의 요양병원 관련 현황을 살펴보고, 장기요양보험 등급자의 요양병원 이용 감소(장기요양 서비스 이용 증가) 시 건강보험 재정의 지출 감소 효과와 장기요양보험의 지출 증가 효과를 분석한다.

1. 배경

2025년에 초고령사회에 진입한 후, 한국은 급속한 인구 고령화가 진행될 예정이다. 특히, 2020년대 말 이후에는 베이비부머 세대가 후기 고령인구로 진입하기 시작하는데, 기대수명 증가에 따라 유병 기간이 장기화되며 의료·요양 수요가 결합되어 확대된다. 고령화로 인한 만성질환의 경우 의료와 요양의 경계가 분명하지 않은데, 고령인구 중 연령대가 높아질수록 복합이환의 비중이 커지고, 1인당 평균 입원 일수가 증가하는 경향이 뚜렷하다.

[그림 5-16] 기대수명 추이: 한국 vs. OECD 평균: 2011~2021년

출처: 보건복지부. (2023, 7월 25일). 기대수명 83.6년 등 한국 보건의료 수준 양호 [보도자료]. 인용.

[그림 5-17] 노인 연령대별 질환 및 장애 추이

(단위: %)

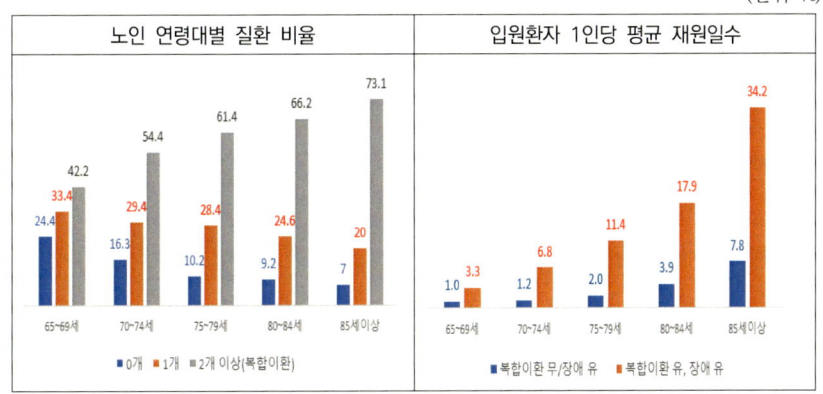

출처: 이윤경 외. (2020). 2020년도 노인실태조사. 보건복지부·한국보건사회연구원. 이용해 저자 작성.

사회적 입원은 일반적으로 입원 치료의 필요가 없음에도 고령자가 재택 요양이나 시설 요양 대신 병원 입원을 선택하는 것(강정희, 2013; 오세영, 2005), 혹은 치료를 위하여 입원하는 것이 아니라 생활과 요양을

위해 병원에 머무르는 것으로 정의된다(노용균 외, 2010). 노인인구가 급속하게 증가하고, 노인돌봄 정책의 중요성이 더욱 커지는 상황에서 요양병원의 기능과 장기요양제도 간의 관계 정립이 필요하다(이경민, 2020). 의료법에 근거해 요양병원에서는 장기요양이 필요한 노인성 질환과 장애가 있는 자의 입원, 외래 및 재활 치료 서비스가 가능한데, 본인과 의사의 판단에 따라 치료가 종결될 때까지 의학적 서비스를 받을 수 있다. 이와 달리 요양시설은 노화 및 노인성 질환에 따라 신체활동과 일상생활 지원 요양서비스가 필요한 경우에 제공되며, 장기요양 1·2등급 혹은 3등급 중 치매 등의 사유로 인정된 자가 이용할 수 있다. 이렇듯 요양병원과 요양시설은 역할이 구분되어 있지만 요양병원에 입원한 환자의 43.2%가 의료적 치료가 필요하지 않은 경우이다(노용균 외, 2010). 여기에는 장기요양 급여의 불충분성 문제가 작용한다. 현재 장기요양 1등급도 방문요양 서비스를 하루 4시간에 한해 이용 가능하며, 시설 이용이 가능한 1~3등급 외 인정자의 경우 가족 돌봄이 어려운 경우 의료적 조치가 필요치 않아도 요양병원에 입원하게 된다(이경민, 2020). 특히, 요양병원의 본인부담이 요양시설에 비해 상대적으로 낮은 경우 요양병원에 입원할 필요가 없어도 요양병원에 입원하는 사회적 입원의 비용을 유발하게 된다. 요양병원 입원 시 본인부담금액은 월 639,630원(선택 입원군)~861,870원(의료 최고도)이고, 요양시설의 경우 동일 식대에 본인부담액은 월 646,590원(3등급)~711,450원(1등급)이다.54) 요양병원 간병 비용은 월 60~300만 원으로 추정되는데, 요양병원의 선택적 입원군 비용은 요양시설 3등급 본인부담액보다 적을 수 있어 사회적 입원 수요가 발생할 수 있다(최인덕, 2021). 의료급여 수급자의 경우 장기 입원자 중 48%가 돌볼

---

54) 요양병원의 상급 병실료 및 간병인 비용, 요양시설의 이미용, 기저귀, 기타 비용은 고려하지 않았다.

사람이 없고 열악한 주거 환경으로 인해 사회적 입원을 지속한다고 한다(황도경 외, 2016).

2. 요양병원 관련 사회보험 이용 현황

가. 건강보험 통계연보

2022년 기준 건강보험의 총 진료 인원은 49.2백만 명이고, 요양병원은 0.9백만 명으로 1.9%를 차지한다. 1인당 연간 급여비는 전체 161.6만 원이고, 요양병원은 461.4만 원으로 비요양병원 48.3만 원 대비 9.6배가량 크다. 1인당 1일 평균 급여비는 요양병원의 경우 7.2만 원으로 비요양병원은 5.9만 원 대비 높다. 1인당 1일 평균 급여비에서 요양병원 이용자의 입원비는 7.4만 원으로 비요양병원 31.4만 원 대비 낮다. 이는 비요양병원 입원의 경우 급성기 의료 처치를 중심으로 상대적으로 고가의 의료비가 지출되는 반면, 요양병원은 만성적이면서 상대적으로 경증 의료비 지출이 주가 되고 있음을 반영한다.

〈표 5-24〉 진료 형태별 진료 현황 분석: 의료기관 유형별, 2022년 기준

구분	진료 실 인원 수(명)	1인당 연간 급여비 (천 원)	1인당 1회 평균 입내원 일수 (일)	1인당 1일 평균 급여비 (천 원)
총계	49,213,134	1,616	22	74
입원 총계	7,088,365	4,204	20	216
외래 총계	49,050,588	1,013	19	53
요양병원(소계)	945,537	4,614	64	72
입원	375,930	11,144	150	74
외래	615,986	281	6	46

구분	진료 실 인원 수(명)	1인당 연간 급여비 (천 원)	1인당 1회 평균 입내원 일수 (일)	1인당 1일 평균 급여비 (천 원)
비요양병원*(소계)	123,385,916	483	8	59
입원	7,847,962	3,263	10	314
외래	122,250,884	278	8	36
비요양병원(소계)	170,352,041	441	9	50
입원	54,789,914	751	11	71
외래	122,612,216	277	8	36

주: * 는 약국 제외, 중복 포함
출처: 국민건강보험공단. (2023a). 2022 건강보험 통계연보. 이용하여 저자 작성.

연령대별로 보면, 요양병원 연간 급여비 중 65세 미만이 13.0%, 65~74세 15.0%, 75세 이상이 72.0%로, 연령대가 높아질수록 비중이 크고, 특히 75세 이상 고령인구에 집중된 것으로 나타난다. 연령대별 건당 급여비는 65세 미만, 65~74세, 75세 이상에서 각각 25.6만 원, 44.7만 원, 77.6만 원으로 높아지고, 건당 입내원 일수도 각각 4일, 6일, 11일, 입원은 12일, 14일, 15일로 높아진다.

〈표 5-25〉 요양기관 종별 진료 현황: 연령대별, 2022년 기준

구분		연간 청구 건수	연간 급여비 (천 원)	건당 급여비 (천 원)	건당 입내원 일수(일)
총계	소계	1,455,405,154	79,554,633,548	55	1
	요양병원(소계)	7,724,059	4,362,736,904	565	8
	입원	3,976,288	4,189,635,205	1,054	14
	외래	3,747,771	173,101,699	46	1
	비요양병원(소계)	947,724,560	59,650,786,966	63	1
	입원	13,700,051	25,631,573,779	1,871	6
	외래	934,024,509	34,019,213,186	36	1

구분		연간 청구 건수	연간 급여비 (천 원)	건당 급여비 (천 원)	건당 입내원 일수(일)
65세 미만	소계	1,002,271,317	45,433,692,240	45	1
	요양병원(소계)	2,212,249	567,394,137	256	4
	입원	535,909	496,910,033	927	12
	외래	1,676,340	70,484,104	42	1
	비요양병원(소계)	650,573,952	36,170,170,411	56	1
	입원	8,701,598	13,658,129,338	1,570	5
	외래	641,872,354	22,512,041,072	35	1
65~74세	소계	255,675,131	16,743,953,641	65	1
	요양병원(소계)	1,465,092	655,271,081	447	6
	입원	541,929	605,775,817	1,118	14
	외래	923,163	49,495,264	54	1
	비요양병원(소계)	169,820,729	12,491,417,706	74	1
	입원	2,476,092	5,642,416,958	2,279	7
	외래	167,344,637	6,849,000,747	41	1
75세 이상	소계	197,458,706	17,376,987,667	88	1
	요양병원(소계)	4,046,718	3,140,071,687	776	11
	입원	2,898,450	3,086,949,356	1,065	15
	외래	1,148,268	53,122,331	46	1
	비요양병원(소계)	127,329,879	10,989,198,847	86	1
	입원	2,522,361	6,331,027,486	2,510	8
	외래	124,807,518	4,658,171,363	37	1

주: * 는 약국 제외, 중복 포함
출처: 국민건강보험공단. (2023a). 2022 건강보험 통계연보. 이용하여 저자 작성.

2022년 기준 요양병원 인원 수는 총 94.5만 명, 요양기관 인원 수는 총 99.9만 명으로 거의 유사한 수준이다. 1인당 연간 급여비를 보면, 입원 기준으로 요양병원 대비 요양기관의 연간 급여비가 높으나, 1인당 1일 평균 급여비는 요양기관이 평균 5.8만 원으로 요양병원 7.2만 원의 80% 수준이다.

〈표 5-26〉 요양병원과 장기요양기관 실적 비교, 2022년 기준

구분	진료 실 인원 수(명)	1인당 연간 급여비(천 원)	1인당 1회 평균 입내원 일수(일)	1인당 1일 평균 급여비 (천 원)
요양병원	945,537	4,614	64	72
입원	375,930	11,144	150	74
외래	615,986	281	6	46
요양기관(소계)	999,451	12,581	216	58
65세 미만	30320	13,014	225	58
65~75세 미만	133,818	11,529	211	55
75세 이상	835,313	12,734	216	59

출처: 국민건강보험공단. (2023a). 2022 건강보험 통계연보와 국민건강보험공단. (2023b). 2022 노인장기요양보험 통계연보. 이용하여 저자 작성.

나. 장기요양보험 통계연보

장기요양보험 통계연보를 이용하여 2023년도 장기요양 현황을 살펴보면, 전체 109.8만 명의 등급 인정자 중 요양병원 거주자는 7.6만 명으로 7.0%에 해당된다. 등급별로 보면, 1등급 인정자 중 29.8%, 2등급 18.0%, 3등급 8.7% 등으로 요양의 필요도가 높을수록 요양병원 거주 비율이 높다. 자격 유형별로 보면, 요양병원 이용자 7.6만 명 중 일반이 43.7%로 가장 높고, 감경 37.5%, 기초 수급 17.5%, 의료급여 1.3%의 순서로 나타난다. 등급별로는 다소 차이가 있어 1~2등급은 일반 비중이 44~48%대로 전체 평균 대비 다소 높고, 기초 수급은 14~15%로 전체 평균 대비 다소 낮다. 3등급은 전체 비율 수준과 유사한데, 4등급 이하는 일반의 요양병원 이용 비율이 30%대로 다른 등급의 그것과 비교해 낮은 반면, 기초 수급은 21~34%로 높다.

<표 5-27> 장기요양 인정자의 요양병원 이용 현황: 등급별·자격별, 2023년 기준

(단위: 명)

구분	인정자	요양병원	일반	감경	의료급여	기초 수급
전체	1,097,913	76,412 (100.0)	33,372 (43.7)	28,639 (37.5)	1,020 (1.3)	13,381 (17.5)
1등급	52,913	15,745 (100.0)	7,669 (48.7)	5,614 (35.7)	179 (1.1)	2,283 (14.5)
2등급	98,015	17,691 (100.0)	7,893 (44.6)	6,774 (38.3)	252 (1.4)	2,772 (15.7)
3등급	297,796	25,828 (100.0)	11,219 (43.4)	9,772 (37.8)	364 (1.4)	4,473 (17.3)
4등급	499,584	14,361 (100.0)	5,638 (39.3)	5,450 (38.)	178 (1.2)	3,095 (21.6)
5등급	123,971	2,288 (100.0)	793 (34.7)	868 (37.9)	43 (1.9)	584 (25.5)
인지지원 등급	25,634	499 (100.0)	160 (32.1)	161 (32.3)	4 (.8)	174 (34.9)

주: '감경'은 건강보험 차상위 계층으로 본인부담금의 100분의 40~60을 감경받는 자(「노인장기요양보험법」 제40조 제3항), '의료급여'는 「재해구호법」, 「의사상자 등 예우 및 지원에 관한 법률」 등에 의한 의료급여 수급권자, '기초 수급'은 「의료급여법」 제3조에 따른 「국민기초생활 보장법」에 의한 의료급여 수급권자가 해당됨.
출처: 국민건강보험공단. (2024c). 2023 노인장기요양보험 통계연보. 이용하여 저자 작성.

[그림 5-18] 장기요양 인정자의 주거상태별 요양병원 이용 현황: 2023년 기준

(단위: %)

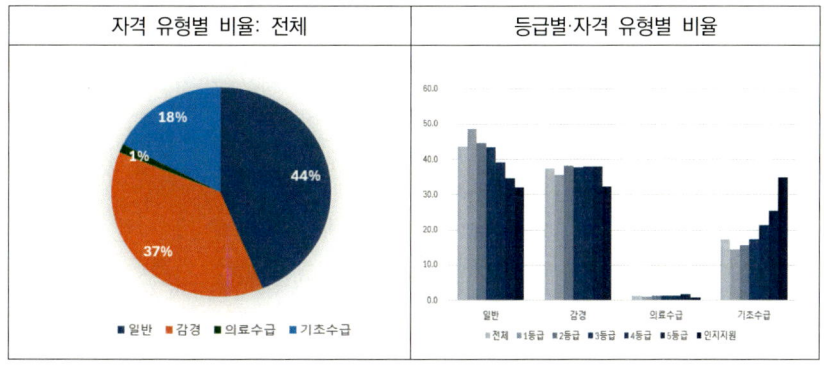

출처: 국민건강보험공단. (2024c). 2023 노인장기요양보험 통계연보. 이용하여 저자 작성.

장기요양 인정자 중 요양병원 거주자는 코로나-19 감염 위기 시기인 2020~2022년에 감소했으나 2023년에는 위기 이전인 2019년의 수치를 소폭 상회하는 수준으로 증가하였다. 요양병원 거주자는 2011년 이후 지속적으로 증가해 2019년에 7.5만 명에 달했고, 이후 2020~2022년에 7.0만 명 수준으로 감소한 후, 2023년에 7.6만 명으로 다시 증가하였다. 전체 장기요양 인정자가 지속적으로 확대되는 가운데 요양병원 거주 비율은 2011년 8.1%에서 2019년에 9.8%로 상승하였고, 2022년 6.9%까지 감소했으나 2023년 7.0%로 다시 상승하였다. 장기요양 인정자 중 요양병원 비율은 2019년부터 전년 대비 감소해 오고 있으나, 전체 장기요양 인정자 수가 증가하는 가운데 요양병원 이용자 수도 최근 증가하는 모습이다.

[그림 5-19] 장기요양 인정자의 요양병원 이용 추이: 2011~2023년

(단위: %, 만 명)

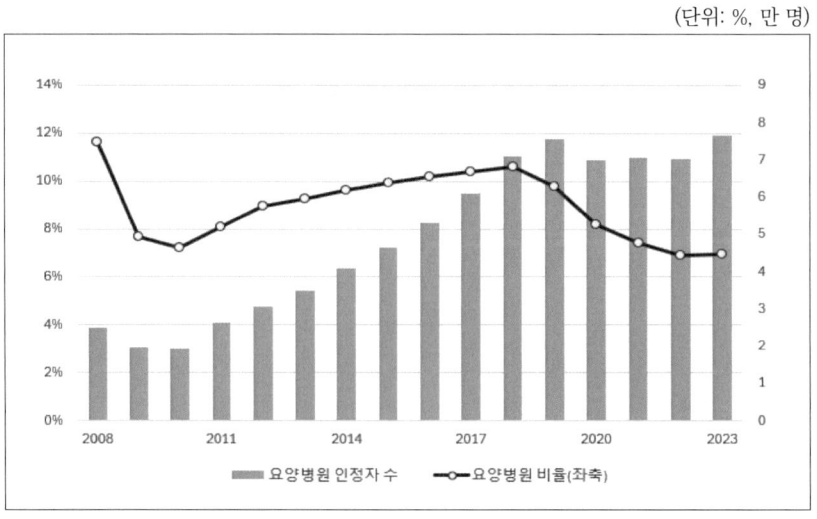

출처: 국민건강보험공단. (2024c). 2023 노인장기요양보험 통계연보. 이용하여 저자 작성.

3. 요양병원 재정 현황 및 영향 분석

가. 자료 기초분석

건강보험과 장기요양보험이 각각 별도의 재정으로 운영되고 있어, 해당 통계연보에서는 요양병원 이용과 관련해 각각 의료급여비 지출과 거주상태별 장기요양 정보만이 제공된다. 본 절에서는 이러한 정보의 분절성 문제를 해결하기 위해 건강보험공단에서 맞춤형 데이터를 제공받아 개인 단위에서 결합된 의료·요양 이용 정보를 통해 요양병원 현황을 분석한다.

맞춤형 데이터는 2018~2023년의 연도별 자료로, 2018년 연초 기준[55] 만 65세 이상자의 전수 자료로 추출하였다. 단, 분석 전에 데이터를 정제하기 위해 연도 내 사망자 자료를 제외하였고, 분석의 내용을 건강보험 재정에 맞추기 위해 의료급여 수급권자는 제외하였고, 자료 값의 상·하위 5% 범위는 극단치(outlier)로 보고 제외하였다. 2023년 기준 건강보험공단에서 제공한 맞춤형 데이터의 65세 이상 자는 787.9만 명으로, 통계연보의 921.6만 명 대비 14.5%가 적고, 이들 중 장기요양 판정자 비율은 12.2%로 장기요양보험 통계연보 12.5%와 유사하다.

---

55) 건강보험공단이 공식 집계·발표하는 통계연보는 연말 기준 자격으로, 동일 연도 자료라 하더라도 연초 기준으로 추출된 맞춤형 데이터와 차이가 있을 수 있다.

〈표 5-28〉 맞춤형 데이터와 장기요양보험 통계연보 비교: 2023년 기준

구분	맞춤형 데이터	장기요양보험 통계연보
노인(명)	7,878,605	9,215,541
판정자(명)	1,001,461	1,226,011
판정자 비율(%)	12.2	12.5

주: 양 자료에서 대상자는 모두 65세 이상 노인으로 하되, 의료급여 수급권자 등은 제외함.
출처: 국민건강보험공단. (2024d). 맞춤형 DB 원자료와 국민건강보험공단. (2024c). 2023년 노인 장기요양보험 통계연보. 이용하여 저자 작성.

　장기요양 등급별로 양 자료를 비교하면, 맞춤형 데이터는 1~3등급 비율의 경우 장기요양보험 통계연보 대비 높은 반면, 4~5등급과 인지지원 등급 비율은 낮다. 이는 본 연구의 맞춤형 데이터 추출이 2018년 초 고령인구를 기준으로 하고 있어, 2018~2023년 중 최초 추출된 대상자가 보다 고령화되며 장기요양 등급이 상향되는 효과와 기간 중 고령인구로 신규 진입한 인원이 포함되지 않아 낮은 등급의 정보가 상대적으로 작아진 효과로 보인다.

〈표 5-29〉 맞춤형 데이터와 장기요양보험 통계연보 비교: 2023년 기준

(단위: 명, %)

구분	맞춤형 데이터(a)	장기요양보험 통계연보(b)	비율 차이(a-b)
1등급	52,913 (4.8)	15,274 (2.1)	(2.7)
2등급	98,015 (8.9)	39,445 (5.5)	(3.4)
3등급	297,796 (27.1)	170,647 (23.7)	(3.4)
4등급	499,584 (45.5)	334,021 (46.3)	(-0.8)
5등급	123,971 (11.3)	120,935 (16.8)	(-5.5)
인지지원 등급	25,634 (2.3)	40,617 (5.6)	(-3.3)
합계	1,097,913 (100.0)	720,939 (100.0)	(0.0)

주: 1. ( )는 해당 자료의 전체 인정자 중 등급별 인정자 비율 값임.
　　2. 양 자료 모두 대상자는 모두 65세 이상 고령자로 하되, 의료급여 수급권자 등은 제외함.
출처: 국민건강보험공단. (2024d). 맞춤형 DB 원자료와 국민건강보험공단. (2024c). 2023년 노인 장기요양보험 통계연보. 이용하여 저자 작성.

나. 장기요양 등급자의 요양병원 이용 분석

맞춤형 데이터를 보면, 65세 이상 장기요양 인정자 중 시설 이용자 보다 요양병원 이용자 비율이 높게 나타난다. 대상자를 성별·5세 단위 연령대별(단, 85세 이상은 동일 구간임)로 구분하면, 2023년 기준 시설 이용자 1.8~4.2%, 재가 이용자 53.8~60.8%, 요양병원 이용자 10.2~17.1%로, 재가 이용자 비율이 시설 대비 10배 이상 높다.

시설 이용자 비율과 재가 여성의 비율은 성별에 관계없이 연령대가 높아질수록 커지나, 재가 남성의 경우는 비율이 일관되지 않다. 반면에 요양병원 이용 비율은 연령대가 낮을수록 커지는 경향이 있고, 여성은 80세 이상 연령대(특히 85세 이상)에서 이용 비율이 높아진다.

〈표 5-30〉 맞춤형 데이터의 장기요양 인정자의 시설 및 요양병원 이용 현황
: 성별·연령대별, 2023년 기준

(단위: 명, %)

구분		등급자	시설	재가	요양병원
남자	65~69세	19,551	423(2.2)	10,557(54.)	3,254(16.6)
	70~74세	28,501	499(1.8)	16,274(57.1)	3,864(13.6)
	75~79세	39,732	737(1.9)	22,049(55.5)	4,532(11.4)
	80~84세	53,570	1,050(2.0)	29,189(54.5)	5,678(10.6)
	85세~	62,641	1,366(2.2)	37,250(59.5)	6,391(10.2)
여자	65~69세	17,496	319(1.8)	9,413(53.8)	2,700(15.4)
	70~74세	34,641	654(1.9)	19,218(55.5)	4,874(14.1)
	75~79세	70,456	1,486(2.1)	39,715(56.4)	9,593(13.6)
	80~84세	148,342	3,895(2.6)	88,025(59.3)	21,169(14.3)
	85세~	246,009	0,243(4.2)	149,662(60.8)	42,001(17.1)

주: ( )는 등급자 수 대비 시설 혹은 요양병원 이용 인정자 수 비율임.
출처: 국민건강보험공단. (2024d). 맞춤형 DB 원자료. 이용하여 저자 작성.

장기요양 등급자 중 요양병원 이용 여부에 따른 장기요양보험과 건강보험 재정의 지출 부담을 비교하면, 장기요양 등급과 연령대가 동일한 경우에도 요양병원 이용자56)는 미이용자에 비해 장기요양 대비 건강보험의 공단부담금(이하 '부담금 비')이 큰 것으로 나타난다.

[그림 5-20] 맞춤형 데이터를 이용한 장기요양 인정자의 '공단부담금 비' 비교
: 요양병원 이용 유무, 성별·연령대별, 2023년 기준

(단위: 배)

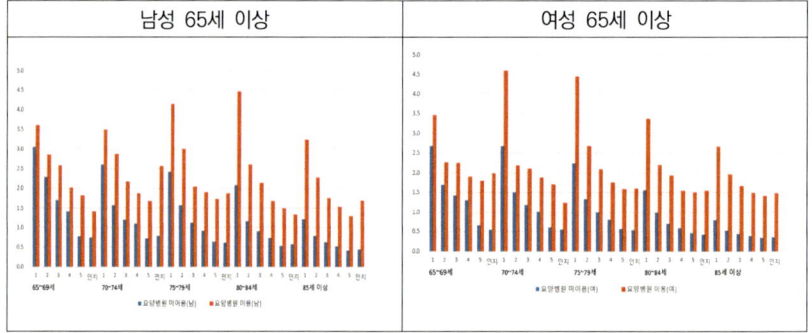

주: '공단부담금 비'는 장기요양보험 부담금 대비 건강보험 부담금으로, 각 구간별 평균치임.
출처: 국민건강보험공단. (2024d). 맞춤형 DB 원자료. 이용하여 저자 작성.

'부담금 비'는 전 연령대에서 남성이 여성보다 높은데, 요양병원 미이용자와 이용자 간의 '부담금 비'의 차이는 성별에 관계없이 연령대가 높아질수록 커진다.

---

56) 연중 1회 이상 요양병원을 이용한 경우에 해당된다.

<표 5-31> 맞춤형 데이터를 이용한 장기요양 인정자의 '공단부담금 비' 비교
: 요양병원 이용 유무, 성별·연령대별, 2023년 기준

(단위: 배)

구분	남성			여성		
	미이용 (a)	이용 (b)	차이 (b-a)	미이용 (a)	이용 (b)	차이 (b-a)
65~69세	1.67	2.38	0.71	1.39	2.27	0.89
70~74세	1.34	2.44	1.10	1.26	2.28	1.02
75~79세	1.22	2.44	1.22	1.08	2.36	1.27
80~84세	1.00	2.28	1.28	0.79	2.01	1.22
85세 이상	0.67	1.96	1.29	0.48	1.77	1.30

주: '공단부담금 비'는 장기요양보험 부담금 대비 건강보험 부담금으로, 성별·연령대별 공단부담금 비의 평균값임.
출처: 국민건강보험공단. (2024d). 맞춤형 DB 원자료. 이용하여 저자 작성.

요양병원 미이용자 대비 이용자의 '건강보험 부담금 비'를 보면, 성별에 관계없이 연령대가 높아질수록 커지고, 대체로 남성에 비해 여성에서 크다.

[그림 5-21] 맞춤형 데이터를 이용한 장기요양 인정자의 요양병원 미이용자 대비 이용자의 건강보험 공단부담금 비: 성별·연령대별, 2023년 기준

(단위: 배)

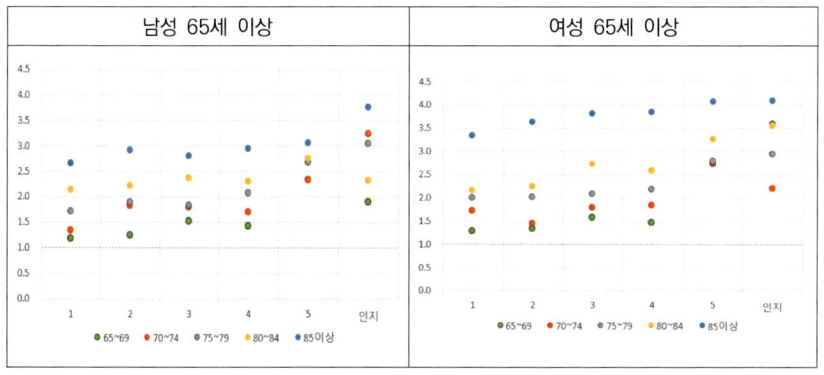

출처: 국민건강보험공단. (2024d). 맞춤형 DB 원자료. 이용하여 저자 작성.

요양병원은 의료적 처치의 필요 보다 요양·돌봄의 필요에 의해 이용될 수 있는데, 이 부분이 건강보험 재정에서 비효율이 초래되는 사회적 입원에 해당된다. 본 연구에서는 2023년 장기요양 등급자를 대상으로 하여 CCI(Charlson Comorbidity Index)[57] 점수를 기준으로 사회적 입원을 정의하고, 요양병원 이용과 장기요양보험 이용의 공단부담금 차이로 사회적 입원에 따른 재정 비효율을 측정하였다.

우선, 사회적 입원군은 고령인구 장기요양 등급자의 경우 만성질환이 기저적으로 문제가 되는 것으로 보고, Jianda, X. et al.(2021), Zhang, X. et al.(2023)과 같이 만성질환의 정도를 반영하는 CCI 점수를 기준으로 4개 그룹을 정의한다. 이들 그룹은 CCI 점수가 '0'이면 그룹 1, '1~2'이면 그룹 2, '3~4'이면 그룹 3, '5 이상'이면 그룹 4로 하고, 본 연구에서는 CCI 점수가 낮은 그룹을 의료적 필요도가 높지 않은 사회적 입원군으로 정의한다. 단, 동 정의는 장기요양보험 인정자만을 대상으로 하는 것으로, 장기요양 등급 외나 기각자, 이외 나머지 고령인구는 요양병원 이용 실적을 제외하는 등 사회적 입원에 따른 재정 비효율을 과소 계상한다. 다른 한편에서 동 정의는 사회적 입원을 CCI 점수만을 기준으로 하고 있어서, CCI 점수가 낮지만 골절 등 외상의 치료 및 회복을 위한 요양이 필요한 경우 등도 있으므로 사회적 입원에 따른 재정 비효율을 과대 계상하였다.

이러한 한계를 전제로 하여, 본 연구에서는 사회적 입원군을 CCI 그룹 1~2('그룹 A')와 그룹 1~3('그룹 B')의 두 가지로 정의하였다. 그룹 A에서는 사회적 입원 기준을 CCI 점수를 0~2로 하고, 그룹 B에서는 0~4로 보다 완화하였다. 분석 대상인 장기요양 등급자의 경우 일상생활이 어려

---

[57] 동반질환지수는 심근경색증, 뇌혈관질환, 치매, 만성신장질환, 간질환 등 동반질환의 정도를 측정하는 지표로, 0점은 동반질환이 발견되지 않는 경우고 점수가 클수록 동반질환에 따른 사망률이 높아진다.

운 상태로 만성질환 등으로 CCI 점수가 상대적으로 높을 것이기 때문이다. 다음으로, 사회적 입원에 따른 재정 비효율은 사회적 입원의 1인당 평균 공단부담금과 장기요양보험의 시설 및 재가 이용자의 1인당 평균 공단부담금의 차이로 정의한다.

A그룹의 경우 장기요양 인정자 중 요양병원 이용자 수는 재가 214명, 시설 53명, 시설 및 재가 미이용자(이하 '미이용') 33명이고, 1인당 평균 공단부담금 합계는 재가 72.0백만 원, 시설 27.1백만 원, 미이용 20.9백만 원이다. B그룹의 경우 요양병원 이용자 수는 재가 1,510명, 시설 411명, 미이용자 179명으로, 1인당 평균 공단부담금 합계는 재가 153.6백만 원, 시설 83.4백만 원, 미이용 76.9백만 원이다. 두 그룹 모두에서 이용자 수나 1인당 평균 공단부담금 합계는 재가에서 가장 크고, 다음으로 시설, 미이용 순서로 나타난다. 등급별로는 3~4등급의 요양병원 이용자 수가 많고, 1인당 평균 공단부담금은 3등급에서 큰데, 미이용의 경우 4등급에서 크다.

〈표 5-32〉 맞춤형 데이터의 요양병원 이용 현황: 장기요양 등급별, 2023년 기준

(단위: 명, 백만 원)

구분		요양병원 이용자 수			1인당 평균 공단부담금			한 번 이용 시 평균 이용 일수		
대상	등급	시설	재가	미이용	시설	재가	미이용	시설	재가	미이용
그룹 A	1	3	17	2	5.0	12.4	0.8	75	157	31
	2	12	29	2	5.4	10.1	1.8	90	150	31
	3	15	65	10	6.4	15.6	3.1	108	206	51
	4	7	73	10	1.3	13.5	13.5	23	224	200
	5	14	26	9	5.4	14.0	1.6	93	201	27
	인지지원	2	4	-	3.6	6.6	-	57	93	-
	합계	53	214	33	27.1	72.0	20.9	446	1,031	340

구분		요양병원 이용자 수			1인당 평균 공단부담금			한 번 이용 시 평균 이용 일수		
대상	등급	시설	재가	미이용	시설	재가	미이용	시설	재가	미이용
그룹 B	1	13	125	8	11.2	28.4	6.3	175	374	118
	2	55	200	27	19.0	28.0	16.9	294	388	236
	3	131	467	58	18.4	29.1	12.4	304	408	204
	4	135	524	57	14.6	26.4	21.6	227	422	328
	5	65	170	24	13.9	29.4	12.1	234	456	189
	인지지원	12	24	5	6.4	12.4	7.5	107	190	119
	합계	411	1,510	179	83.4	153.6	76.9	1,341	2,237	1,193

출처: 국민건강보험공단. (2024d). 맞춤형 DB 원자료. 이용하여 저자 작성.

장기요양 인정자의 서비스 유형별 1인당 평균 공단부담금과 요양병원 이용자의 1인당 평균 공단부담금을 비교하면,[58] A그룹에서는 요양병원 이용이 시설에서 1.1~4.9배, 재가에서 12.2~25.9배 크고, 미이용은 시설의 1.3~10.8배, 재가의 1.7~21.6배 크다. B그룹에서는 요양병원 이용이 시설에서 5.5~14.1배, 재가에서 23.1~58.5배 크고, 미이용은 시설의 4.5~17.3배, 재가의 13.1~34.7배 크다.

---

58) 시설 및 재가 서비스 미이용자는 장기요양 1~2등급은 시설을 기준으로, 3등급 이하는 재가를 기준으로 비교하였다.

〈표 5-33〉 맞춤형 데이터의 요양병원 이용과 장기요양보험 이용 비교
: 장기요양 서비스 유형별, 1인당 평균 공단부담금 기준

(단위: 명, 백만 원)

구분		시설			재가			미이용		
대상	등급	요양병원(A)	장기요양(B)	A/B	요양병원(A)	장기요양(B)	A/B	요양병원(A)	장기요양(B)	A/B
그룹 A	1	5.0	1.4	3.5	12.4	0.5	25.4	0.8	0.6	0.6
	2	5.4	1.4	3.9	10.1	0.6	17.7	1.8	1.3	1.3
	3	6.4	1.3	4.9	15.6	0.6	25.9	3.1	2.4	5.1
	4	1.3	1.2	1.1	13.5	0.6	21.7	13.5	10.8	21.6
	5	5.4	1.2	4.3	4.0	0.6	22.5	1.6	1.3	2.6
	인지지원	3.6	1.2	3.1	6.6	0.5	12.2	-	-	-
그룹 B	1	11.2	1.4	8.0	28.4	0.5	58.5	6.3	4.5	4.5
	2	19.0	1.4	13.4	28.0	0.6	49.4	16.9	12.0	12.0
	3	18.4	1.3	14.1	29.1	0.6	48.4	12.4	9.5	20.6
	4	14.6	1.2	11.6	6.4	0.6	42.3	21.6	17.3	34.7
	5	13.9	1.2	11.3	29.4	0.6	47.3	12.1	9.8	19.5
	인지지원	6.4	1.2	5.5	12.4	0.5	23.1	7.5	6.4	14.0

출처: 국민건강보험공단. (2024d). 맞춤형 DB 원자료. 이용하여 저자 작성.

장기요양 인정자의 1인당 평균 공단부담금의 차이를 사회적 입원에 따른 추가 재정 소요분으로 보면, 장기요양의 서비스 유형별 1인당 평균 공단부담금 차액에 해당 요양병원 이용자 수를 곱하여 추가 재정 발생분을 구할 수 있다. 단, 이러한 방식에서는 CCI 점수로 정의한 사회적 입원군의 요양병원 서비스가 장기요양보험 서비스로 완전히 대체되는 가정을 전제로 하고 있어, 실제치를 과대 추계하는 한계가 있다. 추산 결과, 장기요양 이용에 따른 추가 재정 소요분은, 그룹 A의 경우 31.2억 원, 그룹 B의 경우 495.9억 원으로 추산된다. 시설보다는 재가 이용자의 경우 요양병원 이용 빈도가 높고, 장기요양 서비스 대비 요양병원에서 지출된 1인당 공단부담금도 크다.

〈표 5-34〉 요양병원 이용에 따른 추가 재정 소요분 추산: 2023년 기준

(단위: 명, 백만 원)

구분		요양병원 이용자 수(A)			1인당 공단부담금 차액(B)			추가 재정분(=A×B)		
대상	등급	시설	재가	미이용	시설	재가	미이용	시설	재가	미이용
그룹 A	1	3	17	2	3.6	11.9	0.4	11	202	-1
	2	12	29	2	4.0	9.5	1.3	48	275	1
	3	15	65	10	5.1	15.0	2.5	76	973	25
	4	7	73	10	0.1	12.9	12.9	1	941	129
	5	14	26	9	4.1	13.4	1.0	58	347	9
	인지지원	2	4	-	2.4	6.0	-	5	24	-
	소계	53	214	33	19.4	68.6	18.0	199	2,761	162
	합계	300			105.9			3,122		
그룹 B	1	13	125	8	9.8	27.9	5.9	128	3,490	40
	2	55	200	27	17.6	27.4	16.4	966	5,480	419
	3	131	467	58	17.1	28.5	11.8	2,237	13,308	683
	4	135	524	57	13.3	25.7	21.0	1,796	13,482	1,198
	5	65	170	24	12.7	28.7	11.5	823	4,885	276
	인지지원	12	24	5	5.2	11.9	7.0	63	285	35
	소계	411	1,510	179	75.7	150.2	73.5	6,013	40,930	2,650
	합계	2,100			299.3			49,593		

출처: 국민건강보험공단. (2024d). 맞춤형 DB 원자료. 이용하여 저자 작성.

제6장

종합 및 제언

제6장 종합 및 제언

본 연구는 이영숙 외(2024)의 연구를 몇 가지 방향에서 확장하였다. 첫째, 사회보험에 한정된 장기 재정추계 모형의 범위를 일반재정 사업으로 확장하여, 사회보장 부문별로 사회보험과 일반재정 사업의 재정추계 모형을 연계시킨 점이다. 사회보장 부문은 인구 고령화에 따른 재정 소요 증가세가 클 것으로 예상되는 노후소득보장 부문과 의료·요양 부문으로 하였고, 양 부문에서 대표적인 사회보험과 일반재정 사업을 대상으로 하여 재정추계 모형을 구축하였다. 단, 기여에 기반하는 사회보험의 경우 지출과 함께 수입 추계를 병행한 반면, 조세에 기반하는 일반재정 사업은 지출 추계에 한정하였다.

노후소득보장 부문에서는 사회보험인 국민연금과 일반재정 사업인 기초연금과 생계급여를 포함하였다. 국민연금은 노후소득보장을 위한 대표적인 공적연금이고, 기초연금은 공적연금에 대한 보충형 공공부조이다. 생계급여는 고령인구를 직접적 대상으로 하지는 않지만 고령인구의 수혜 비중이 높고 이 경우 기초연금과 연계 감액이 적용되고 있어서 노후소득보장에 중요한 공공부조이다. 이러한 사회보장 부문별로 통합된 재정추계 모형 구조는 향후 인구 고령화가 급속히 진행되는 시기에-현재의 제도가 유지되는 경우-노후소득보장 부문에서 현금 급여성으로 지출되는 재정 총량을 가늠해 볼 수 있는 장점이 있다. 본 연구에서는 관련 미시자료의 접근이 제약적인 상황에서 공개된 통계와 예산 사업설명서상의 정보를 활용하여 수급자 수 및 급여액 간의 연계 구조를 장기 재정추계 모형에서 반영하고자 하였다. 이와 함께 본 연구에서 국민연금 재정추계 모형은 이영숙 외(2024)에서 경제활동에 근거한 근로 형태 기준으로 접근하였던 방식에서 국민연금공단의 재정추계 모형과 같이 가입 자격 기준으로 전환하였다. 그리고 조기 노령연금과 10년 이상 가입자 등에 지출 추계를 한정하였던 것을 전체 지출 범위로 확장하였다. 다만, 이러한 가입 자격 기준의 접근은 현재 국민연금공단의 연금 미시자료가 공개되고 있지 않은 제약으로 인해 가입·납부·수급 등 상세 자료를 직접 분석할 수는 없었고, 국민연금공단의 최신 보고서와 공개된 연금통계를 이용하여 관련 내용을 추산하는 방식을 적용했다는 한계가 있다.

의료·요양 부문에서는 사회보험인 건강보험과 장기요양보험, 일반재정 사업인 의료급여와 장기요양보험의 의료급여 수급자분을 포함하여 추계하였다. 의료·요양 부문의 경우 2024년 예산 기준 노후소득보장 부문과의 합계액 196.5조 원 중 112.7조 원으로 63.4%(〈표 2-4〉 참조)를 차지하고 있고, 고령인구의 가입 대상 범위가 노후소득보장제도에 비해 넓고, 고령화될수록 단가가 높은 의료·요양 서비스에 대한 수요가 커지는 등으로 인해 향후 인구 고령화에 따른 재정 영향이 큰 부분이다.

그런데 한국의 경우 건강보험과 장기요양보험이 기여에 기반해 운영되는 사회보험이기는 하나, 취약계층을 위해 예산액의 20% 내에서 국가 재정이 지원되고 있고, 이외에 저소득층의 기초생활보장을 위해 건강보험에 대응하여 의료급여 제도가 재정사업으로 운영되고 있다. 장기요양보험의 경우에도 국민기초생활보장법 및 타법에 근거하여 의료급여 수급자에 대한 장기요양 재정을 국가와 지자체가 부담하고 있다. 이는 의료·요양 부문에 대한 국가의 재정 부담이 상당한 정도임을 의미하는데, 향후 인구 고령화가 진행될수록 재정 부담은 보다 가중될 것이다. 따라서 의료·요양 부문의 경우 사회보험뿐만 아니라 연결되는 일반재정 사업을 포함하여 전반적인 재정을 파악할 필요가 있다.

동 연구에서는 이러한 취지에 따라 인구 고령화에 영향을 받는 사회보장의 주요 정책영역으로 의료·요양 부문을 구분하고, 이에 해당하는 주요 사회보험과 일반재정 사업을 포함하여 장기 재정추계 모형을 구축하였다. 건강보험과 장기요양보험의 재정추계 모형은 선행연구의 모형을 2023년 실적으로 업데이트하였고, 의료급여는 2023년도 건강보험과 의료급여의 5세 단위 연령별 지출구조 분석 결과를 통해 건강보험 지출 추계를 바탕으로 재정추계 모형을 구축하였다. 장기요양보험의 의료급여 수급자분에 대한 추계는 장기요양보험의 자격별 실적 자료를 이용해 의료급여 수급자분의 비율을 적용하여 장기요양보험 지출 추계를 바탕으로 재정추계 모형을 구축하였다.

둘째, 본 연구에서는 의료·요양 서비스가 중첩되는 부분으로 요양병원 이용 현황을 분석하고, 이 중 장기요양보험 인정자의 요양병원 이용을 기준으로 사회적 입원을 정의하고, 이에 따른 건강보험의 추가 재정 소요분을 추산해 보았다. 현재 건강보험과 장기요양보험은 각각 의료와 요양에 한정하여 상호 분절적인 제도로 운영되고 있는 관계로, 이들 각각의 통계 연보를 통해서는 장기요양보험 인정자의 사회적 입원 비용을 추산하기 어렵다. 이러한 문제를 해결하기 위해 본 연구에서는 65세 이상 고령인구의 전수 자료로 추출한 국민건강보험공단(2024)의 맞춤형 데이터를 분석한 결과를 기반으로 하였다. 본 연구에서는 맞춤형 데이터의 장기요양 인정자를 대상으로 하여 CCI(Charlson Comorbidity Index) 점수를 기준으로 사회적 입원을 정의하였고, 이들의 요양시설 및 요양병원의 이용자 수와 1인당 평균 공단부담금 차이를 이용해 사회적 입원에 따르는 재정 소요를 추산하였다. 이러한 결과는 장기요양 인정자로 분석 대상을 한정한 점이나 사회적 입원에 대한 조작적 정의의 한계 등이 있겠으나, 현재 건강보험과 장기요양에서 통계 집계가 분절적으로 이루어지고 있는 상황이므로 장기요양 인정자의 요양병원 이용 실적에 근거하여 의료·요양의 자료를 연계해 살펴보았다는 점에서 의의가 있다.

본 연구의 장기 재정추계는 통계청이 최근 2023년 말에 발표한 장래인구추계 대신 통계청(2021) 장래인구추계와 이에 기반한 국민연금 제5차 재정계산(2023)의 KDI 거시 경제변수 전망치를 활용하였다. 이러한 자료 선택은 자료의 최신성은 떨어지나 본 연구의 장기 재정추계 결과에 대해 국민연금공단에서 발표한 제5차 재정계산(2023)이나 국회예산정책처(2022, 2023)의 장기 재정전망, 건강보험 및 장기요양보험 재정전망 결과와 비교가 가능한 점을 고려한 것이다.

본 연구의 장기 재정추계 모형은 인구 및 거시경제변수의 공통 전제나 사회보험과 일반재정 추계 모형에 필수 입력자료인 여러 기초율에 대해 여러 외부 기관의 자료를 활용하는 방식으로 구축하였다. 특히 기초율 변수의 경우 미시적으로 보다 정밀한 자체 분석에 기반해 있지 못한 한계가 있다. 이러한 점은 향후 장기 재정추계 모형의 확장이나 활용에 제약이 되는 부분으로, 추가되는 공개된 자료를 활용하여 지속적인 업데이트와 검증을 수행해야 하는 부분이 된다.

또한 동 보고서에서는 현재의 제도가 유지된다는 전제하의 기준선(base-line) 추계를 하고 있어, 모형에 투입되는 기초율 변수의 경우 향후 변화하는 사회경제적 환경 여건을 감안하여 다양한 민감도 분석이 추가될 필요가 있다. 예를 들어, 건강보험 지출의 경우 예상할 수 있는 재정절감 정책의 효과나, 요양병원의 사회적 입원 양상의 변화, 2026년부터 본사업 시행 예정인 지역사회 기반 통합돌봄의 재정 영향, 의료비의 소득탄력도에 대한 전제 등 현실적으로 중요한 다양한 변수들이 감안될 수 있다. 건강보험과 장기요양보험, 의료급여를 추계할 때 EC(2023; 2024)의 전망 시나리오 사례와 같이 '건강하지 않은 노화(no healthy ageing)',

'건강한 노화(healthy ageing)'의 시나리오를 적용할 수도 있다. 이러한 점들은 향후 정책 방향에 대한 모니터링하에서 지속적으로 장기 재정추계 모형에 업데이트되고 보완적 분석이 시행되어야 할 부분이다.

특히, 요양병원을 중심으로 의료와 요양의 연계점을 반영하는 재정추계 모형을 구축할 필요가 있다. 향후 의료·요양 부문의 정책은 일상적인 돌봄을 포함하여 통합적인 방향에서 추진될 것이므로 현재 분절적인 의료·요양의 서비스가 보다 연계된 구조가 될 것으로 예상되고 있고, 의료와 요양의 연계점을 추계 모형에서 반영하여야 분절적인 현상에서 발생하는 재정 누수를 정확하게 포착할 수 있기 때문이다. 본 연구에서 국민건강보험공단(2024)의 맞춤형 데이터를 이용하여 이를 시도하였으나, 단년도 연구 기간의 한계로 인해 건강보험 통계자료와 장기요양병원 통계자료와의 정합성 검증이 충분하지 못하다는 판단하에 당초 의도하였던 의료와 요양의 통합적 체계의 장기 재정추계 모형 구축은 이루어지지 못하였다. 이를 향후의 중요한 후속 과제로 남긴다.

셋째, 본 연구는 현재 한국 사회가 처한 커다란 사회 구조적 위험 요인인 저출산·고령화 중에서 고령화에 초점을 두었고, 저출산 대응을 위한 재정추계는 포함하지 못했다는 한계가 있다. 향후 무상보육과 유보통합, 일·가정 양립을 위한 출산 및 육아 휴가·급여 등 모성보호사업의 확대, 아동수당이나 부모급여를 포함한 현금급여 등 저출산 정책에 따르는 재정 소요를 파악할 수 있는 재정추계 모형 구축이 진행되어야 할 것이다.

참고문헌

KOREA INSTITUTE FOR HEALTH AND SOCIAL AFFAIRS

[요약]

이영숙, 고숙자, 송창길, & 김지민. (2024). 사회보장 재정 장기추계 모형 연구: 사회보험 분야를 중심으로 (연구보고서 2024-02). 한국보건사회연구원. https://repository.kihasa.re.kr/handle/201002/45625

국민건강보험공단. (2024). 맞춤형 DB 원자료.

[1장]

국민연금연구원. (2022). 국민연금 장기재정추계모형 2021. 국민연금연구원.

국민연금재정추계전문위원회. (2023). 제5차 국민연금 재정추계 결과.

국회예산정책처. (2022). 2022~2070년 NABO 장기 재정전망. 국회예산정책처. Retrieved from https://www.nabo.go.kr

국회예산정책처. (2023a). 공적연금개혁과 재정전망 III: 국민연금 중심의 노후소득보장체계 개혁과 재정전망. 국회예산정책처. Retrieved from https://www.nabo.go.kr

국회예산정책처. (2023b). 공적연금개혁과 재정전망 Ⅳ: 직역연금 개혁과 재정전망. 국회예산정책처. Retrieved from https://www.nabo.go.kr

세계일보. (2024.10.2.). 보도자료 "생계급여 가구 중 1인가구가 81%…65세 이상 수급자는 57%". https://www.segye.com/newsView/20241002506430

신승희, 김혜진, 손현섭, 문희석. (2023). 국민연금 가입·수급 연령 상향 조정을 고려한 재정분석. 국민연금공단. 국민연금연구원.

이영숙, 고숙자, 송창길, & 김지민. (2024). 사회보장 재정 장기추계 모형 연구: 사회보험 분야를 중심으로 (연구보고서 2024-02). 한국보건사회연구원. https://repository.kihasa.re.kr/handle/201002/45625

통계청. (2023). 장래인구추계: 2022~2072년.

[2장]

국민건강보험공단. (각 연도a). 건강보험 통계연보. 국민건강보험공단.

국민건강보험공단. (각 연도b). 노인장기요양보험 통계연보. 국민건강보험공단.

국민연금재정추계전문위원회. (2023). 제5차 국민연금 재정추계 결과.

국회예산정책처. 재정통계시스템. https://www.nabostats.go.kr/

보건복지부. (각 연도). 예산 및 기금운용계획 사업설명자료. 보건복지부.

이영숙, 고숙자, 송창길, & 김지민. (2024). 사회보장 재정 장기추계 모형 연구: 사회보험 분야를 중심으로 (연구보고서 2024-02). 한국보건사회연구원. https://repository.kihasa.re.kr/handle/201002/45625

통계청. (2021). 장래인구추계: 2020~2070년. https://kosis.kr/index/index.do 에서 2024. 3. 9. 인출

OECD. Data Explorer. https://data-explorer.oecd.org/

[3장]

고창수, 권미연, 오수정, & 정상기. (2021). 주요국의 장기재정전망과 국제비교. 한국조세재정연구원 조세재정전망센터.

고창수, 오수정, & 정상기. (2023). OECD 장기재정전망 보고서 요약: 재정 지속가능성 중심으로 [정책자료]. 한국조세재정연구원 조세재정전망센터.

국회예산정책처. (2022). 2022~2070년 NABO 장기 재정전망. 국회예산정책처. Retrieved from https://www.nabo.go.kr

기획재정부. (2020. 9.). 2020~2060년 장기재정전망. 대한민국정부.

김우림. (2024). 유럽연합의 연금·보건·장기요양·교육 분야 장기재정전망: EC가 발간한 "2024 Ageing Report"의 주요 내용을 중심으로. 국회예산정책처. NABO 재정추계&세제이슈, 2024년 Vol.2, 제27호, p.48.

김현아, 구윤모, 김은숙, 김정은, 박신아, 엄동욱, 장광남, 최경진, & 한혜란. (2019. 5). Budgeting and Public Expenditures in OECD Countries 2019. 한국조세재정연구원 재정지출분석센터.

사회보장위원회. (2020. 8.). 제4차 중장기 사회보장 재정추계. 사회보장위원회.

일본 내각관방, 내각부, 재무성, 후생노동성. (2018). 2040년을 전망한 사회보장의 미래상(논의 자료) [정책보고서.
https://www.mhlw.go.jp/stf/seisakunitsuite/bunya/0000207382.html

European Commission. (2023). 2024 Ageing Report: Underlying assumptions & projection methodologies (European Economy Institutional Paper No. 257). Publications Office of the European Union. https://doi.org/10.2765/960576

European Commission. (2024). 2024 ageing report: Economic and budgetary projections for the EU Member States (2022-2070) (Institutional Paper 279). European Commission.
https://economy-finance.ec.europa.eu/publications/2024-ageing-report-economic-and-budgetary-projections-eu-member-states-2022-2070_en

Guillemette, Y. (2019). Recent improvements to the public finance block of the OECD's long-term global model. OECD Economic Department Working Papers, (1581), 0_1-26.

OECD. (2019). Budgeting and Public Expenditures in OECD Countries 2019. Paris: OECD Publishing.
https://doi.org/10.1787/9789264307957-en:contentReference{index=2}

OECD. (2021). The Long Game: Fiscal Outlooks to 2060 Underline Need for Structural Reform (OECD Economic Policy Paper No. 29). OECD Publishing.
https://doi.org/10.1787/a112307e-en:contentReference{index=1}

[4장]

국민연금공단. (2023). 국민연금재정추계전문위원회. 국민연금재정계산보고서 1: 2023국민연금재정계산-국민연금 장기재정추계, p.47.

국민연금공단. (2023). 국민연금재정추계전문위원회. 국민연금재정계산보고서 1: 2023국민연금재정계산-국민연금 장기재정추계.

국민연금연구원. (2022). 국민연금 장기재정추계모형 2021.

국민연금재정추계전문위원회. (2023). 국민연금 장기재정추계.

국회예산정책처. (2020). 2020 NABO 장기 재정전망 (보고서). 국회예산정책처. https://www.nabo.go.kr/Sub/01Report/01_01_ajaxBoard.jsp?arg_id=7311&bid=19&funcSUB=view&item_id=7311

김선민 의원실. (2024). 줬다 뺏는 기초연금! 올해 67만명 기초생활 수급노인 삭감당해 [보도자료].

박유성, 전새봄, 양기성, 방준호, 정민열, 김태준, 박혜민, & 임자영. (2014, 7월). 인구시나리오와 경제변수 변화를 반영한 국민연금 장기전망 (연구용역보고서). 국회예산정책처.

보건복지부 기초연금 적정성위원회. (2024). 기초연금 적정성 분석.

보건복지부. (2024). 예산 및 기금운용계획 설명자료.

보건복지부. (2017). 2016 보건복지백서.

보건복지부. (2024). 2023년 통계로 본 기초연금.

보건복지부. 가구원수별 수급가구 수 비중: 2021~2023년. 내부 자료.

보건복지부. 국민기초생활보장 사업안내. (각 연도).

보건복지부. 국민기초생활보장 수급자 현황. (각 연도).

보건복지부. 기초연금 급여지출 예산 추이: 2020~2024년. 내부 자료.

보건복지부. 기초연금 사업안내. (각 연도).

보건복지부. 예산 및 기금운용계획 예산사업 설명자료. (각 연도).

신승희, 김혜진, 손현섭, 문희석. (2023). 국민연금 가입·수급 연령 상향 조정을 고려한 재정분석. 국민연금공단, 국민연금연구원.

신승희, 류재린, 손현섭. (2021). 국민연금 노령연금 추계 2021. 국민연금공단,

국민연금연구원.

연합뉴스. (2024, 9월 26일). "2093년에도 국민연금 신규 수급자 평균 가입기간 30년 못 미쳐". 연합뉴스.

https://v.daum.net/v/20240926155106137

통계청. (2022). 장래가구추계: 2022~2050년.

통계청. (2021). 장래인구추계: 2020~2070년.

통계청. 국가통계포털(KOSIS). https://kosis.kr/statisticsList/.

[5장]

강정희. (2013). 요양병원 사회적 입원 실태 및 영향요인. 고려대학교 보건대학원 석사학위논문.

고용노동부. (2023). 2022 고용형태별근로실태조사 보고서. 고용노동부.

국민건강보험공단. (각 연도). 노인장기요양보험 통계연보.

국민건강보험공단. (2022). 2021년 건강보험 통계연보.

국민건강보험공단. (2023a). 2022년 건강보험 통계연보.

국민건강보험공단. (2023b). 2022년 노인장기요양보험 통계연보.

국민건강보험공단. (2024a). 2023년 건강보험 통계연보.

국민건강보험공단. (2024b). 2023년 의료급여 통계연보.

국민건강보험공단. (2024c). 2023년 노인장기요양보험 통계연보.

국민건강보험공단. (2024d). 맞춤형 DB 원자료.

국민건강보험공단. (각 연도). 건강보험 통계연보.

권순만, 김홍수, 최숙자, 김윤희, & 조윤민. (2015). 노인장기요양보험 재정추계 모형 연구 (정책연구용역 보고서). 국회예산정책처.

기획재정부. (2015). 2060년 장기재정전망 (발간일: 2015년 12월 4일). 기획재정부.

김우현, 이은경, 김윤, & 김대환. (2018). 건강보험 보장성 강화 정책의 효과 분석: 4대 중증질환을 중심으로 (연구보고서 18-13). 한국조세재정연구원.

김윤희. (2020). 건강보험 보장성 강화대책에 따른 건강보험 재정추계. 보건경제와 정책연구 (구 보건경제연구), 26(1), 117-145.
노용균, 선우덕, 윤종률, 원장원, 이동우, 이동호, ... & 오재윤. (2010). 노인요양시설과 요양병원의 역할 정립방안 연구, 서울: 대한노인병학회·보건복지부.
박선아. (2023). 2023~2032년 노인장기요양보험 재정전망 (현안보고서). 국회예산정책처.
보건복지부, 국민건강보험공단. (2015). 건강보험 장기재정전망(비공개자료). 보건복지부·국민건강보험공단.
보건복지부. (2023, 7월 25일). 기대수명 83.6년 등 한국 보건의료 수준 양호 [보도자료]. 보건복지부.
오세영. (2005). 일본의 노인의료비 증가요인으로서의 사회적 입원. 노인복지연구, 28, 207-230.
윤희숙, & 권형준. (2010). 노인장기요양보험 급여비용의 중장기 추계. 보건행정학회지, 20(1), 37-63.
이경민. (2020). 노인요양병원의 사회적 입원, 왜 발생하는가?. 월간 한국노총, 559, 40-41.
이영숙, 고숙자, 송창길, & 김지민. (2024). 사회보장 재정 장기추계 모형 연구: 사회보험 분야를 중심으로 (연구보고서 2024-02). 한국보건사회연구원. https://repository.kihasa.re.kr/handle/201002/45625
이윤경, 김세진, 황남희, 임정미, 주보혜, 남궁은하, 이선희, 정경희, 강은나, & 김경래. (2020). 2020년도 노인실태조사. 보건복지부·한국보건사회연구원.
이은경. (2010). 노인장기요양보험 장기 재정추계. 재정포럼, 174, 6-25.
이호용, & 문용필. (2017). 인구 고령화에 따른 노인장기요양보험 재정전망. 사회보장연구, 33(2), 129-151.
임슬기. (2023). 2023~2032년 건강보험 재정전망 (현안보고서). 국회예산정책처.
최인덕, 이상림, & 이정면. (2010). 노인 장기요양 보험 대상자 및 시설, 인력 추계. 사회보장연구, 26(2), 375-399.

최인덕. (2021). 노인의 사회적 입원 입소 예방의 재정 효과 분석-건강 및 요양 보험을 중심으로. 비판과 대안을 위한 사회복지학회 학술대회 발표논문집, 281-317.

통계청. (2023). 장래인구추계: 2022~2072년.

황도경, 김태완, 박금령, & 여나금. (2016). 장기입원 수급자 실태조사 및 생계급여 적정 지급 방안 연구. 보건복지부·한국보건사회연구원.

황인욱, 이윤경, 임유나, & 이태진. (2023). 미시모의실험모형을 이용한 장래 건강보험 진료비 추정. 보건경제와 정책연구, 29(2), 55-86.

Astolfi, R., Lorenzoni, L., & Oderkirk, J. (2012). A comparative analysis of health forecasting methods (OECD Health Working Papers No. 59, pp. 1–120). OECD Publishing. https://doi.org/10.1787/5k912j389bf0-en

Jianda, X., Homma, Y., Jinnai, Y., Baba, T., Zhuang, X., Watari, T., ... & Kaneko, K. (2021). Relationship between Charlson comorbidity index, early recovery and 2-year mortality in elderly patients undergoing surgical treatment of inter-trochanteric fractures: a retrospective analysis. Scientific Reports, 11(1), 17195.

OECD. (2006). Projecting OECD health and long-term care expenditures: What are the main drivers? (OECD Economics Department Working Papers No. 477). OECD Publishing. https://doi.org/10.1787/736341548748

OECD. (2013). Public spending on health and long-term care: A new set of projections (OECD Economic Policy Papers No. 6). OECD Publishing. https://doi.org/10.1787/5k44t7jwwr9x-en

Zhang, X., Wang, X., Wang, M., Gu, J., Guo, H., Yang, Y., ... & Li, Q. (2023). Effect of comorbidity assessed by the Charlson

Comorbidity Index on the length of stay, costs, and mortality among colorectal cancer patients undergoing colorectal surgery. Current Medical Research and Opinion, 39(2), 187-195.

[6장]
국민건강보험공단. (2024). 맞춤형 DB 원자료.
국민연금재정추계전문위원회. (2023). 제5차 국민연금 재정추계 결과.
국회예산정책처. (2022). 2022~2070년 NABO 장기 재정전망. 국회예산정책처. Retrieved from https://www.nabo.go.kr
국회예산정책처. (2023a). 공적연금개혁과 재정전망 III: 국민연금 중심의 노후소득보장체계 개혁과 재정전망. 국회예산정책처. Retrieved from https://www.nabo.go.kr
국회예산정책처. (2023b). 공적연금개혁과 재정전망 IV: 직역연금 개혁과 재정전망. 국회예산정책처. Retrieved from https://www.nabo.go.kr
이영숙, 고숙자, 송창길, & 김지민. (2024). 사회보장 재정 장기추계 모형 연구: 사회보험 분야를 중심으로 (연구보고서 2024-02). 한국보건사회연구원. https://repository.kihasa.re.kr/handle/201002/45625
통계청. (2021). 장래인구추계: 2020~2070년.

European Commission. (2023). 2024 Ageing Report: Underlying assumptions and projection methodologies (European Economy Institutional Paper No. 257). Publications Office of the European Union. https://doi.org/10.2765/960576

European Commission. (2024). 2024 Ageing Report: Economic and budgetary projections for the EU Member States, 2022–2070 (European Economy Institutional Paper No. 279). Publications Office of the European Union. https://doi.org/10.2765/022983

Abstract

Development of an Integrated Model for Long-Term Financial Projection of Social Security

Project Head: Lee, Young Suk

South Korea is expected to become a super-aged society in 2025, and the aging of the baby boomer generation is projected to pose a structural risk to the social safety net. In response, this study aims to develop a long-term fiscal projection model to analyze the financial impacts on old-age income security and healthcare/long-term care sectors.

The study expands beyond the traditional focus on the three major social insurance programs to include related general budgetary programs. It incorporates institutional linkages between social insurance and general fiscal programs to conduct an integrated fiscal projection. In particular, it analyzes the fiscal inefficiencies caused by "social hospitalization" and projects the associated financial burden beyond 2030.

The model will need to be expanded to include fiscal projections related to policies addressing low birthrates and requires ongoing validation and sensitivity analysis.

Key words: social security, financial projection model, national pension, health insurance, elderly long-term care insurance

Co-Researchers: Ko, Sukja · An, Suin · Lee, Seung-Yong · Yoo, Hee-soo
Park, Seung-Jun